두근두근 클래식

KB215044

# 두근두근 클래식

허제 지음

좋은땅

　아침에 잠에서 깨면서 설레는 적이 있는가? 누구나 학창 시절 소풍 전날 설렘으로 잠을 이루지 못했던 기억이 있다. 하지만 나이가 들면서 이런 설렘은 점점 사라지고 만다. 그런데 나는 아직도 이런 설렘으로 잠에서 얼른 깨어나는 경우가 많다. 아니 깨어나고 싶은. 그것은 다름 아닌 새로 접할 음악을 빨리 듣고 싶은 욕망에서다. 하루가 두근거리는 설렘으로 시작되는 것이다.

　세상에는 수많은 아니 하늘의 별만큼이나 많은 음악이 존재하는데, 그것이 나로 하여금 많은 위안과 사람답게 사는 법을 이야기한다. 이런 음악을 만나는 일이야말로 삶의 희열이 아니겠는가? 그런 것들을 매일 만날 수 있다는 것은 설렘이자 행복이라 하겠다. 그리고 그것이 생을 다하는 날까지 이어진다는 것 역시 기쁨이라 하겠다.

　이런 음악을 접하며 느낀 생각과 많은 재밌는 이야기들이 부디 독자 여러분에게도 큰 기쁨으로 다가서길 바랄 뿐이다.

2025년 3월 24일

허 제

# 차례

**일러 두기**

외래어 및 외국인명 표기는 필자 개인의 의견을 따랐다.

# 인디언 여름!

### 리하르트 슈트라우스 오보 협주곡

가르미슈 별장 (c) Lebrecht Music & Arts.

미국 피츠버그 심포니 오케스트라에서 평화롭게 오보를 불던 존 드 랜시(John de Lancie)는 세계 2차 대전에 참전하게 된다. 다행히 랜시는 죽지 않았고 전쟁도 연합국의 승리로 종전된다. 종전 후 미국군은 독일의 점령군이 되어 1945년 4월 바이에른주 가르미슈의 한 으리으리한 저택을 찾아간다. 물론 랜시도 그 일행에 참여하는데, 미리 정보를 파악한 미군 측이 일부러 음악가 군인을 고른 것이다. 이런 예는 1809년 프랑스 나폴레옹군이 오스트리아를 침공하여 빈을 점령했을 때 프랑스 장교가 하이든을 찾아가 예를 표한 적이 있다. 또 2차 대전 중에 프랑스를 점령한 독일군도 프라드에 의거 중인 첼리스트 파블로 카잘스를 찾아가 연주 중단 철회를 회유한 적도 있다.

이 집 주인은 유명한 작곡가 리하르트 슈트라우스였는데 나치 정권하에서 음악국 총재를 지낸 말하자면 전범이었다. 하이든도 전쟁 전에 황제 찬가를 만들어 애국심을 고취하였지만, 슈트라우스의 경우는 사안이 좀 심각하기는 했다.

하여튼 점령군은 그 집을 빼앗는 즉 군사적 목적으로 징발할 요량이었다. 군인들이 집에 다다르자 슈트라우스는 집 비우기를 완강히 거절하였고, 점령군들 앞으로 나아가 독일어가 아닌 불어(나 배운 사람이야~)로 당당히 외친다. "나는 〈장미의 기사〉와 〈살로메〉를 작곡한 리하르트 슈트라우스다!" 이 무한한 자신감은 무엇인가? 또 이를 본 미군은 '뭔 개소리?' 하지 않았을까. 군인들은 예외적으로 집을 빼앗지 않았고 이에 슈트라우스는 고마움의 표시로 이들에게 저녁을 대접한다. 이렇게 친해진 뒤 랜시는 슬쩍 자신이 부는 악기인 오보 협주곡의 작곡을 제안하였지만 보기 좋게 단박에 거절을 당한다. "싫어!"

사실 슈트라우스는 뒷방 늙은이 신세로 이미 작곡의 필을 내려놓을 무렵이었기 때문이다. 1944년 친구에게 보낸 편지에서도 "나의 생애는 9월 1일로 끝나버렸소, 올림퍼스산에 사는 천재들이 8월 17일 나를 불러들이면, 그것이 가장 좋을 텐데!"라고 할 정도였다. 더불어 주위 사람들의 분위기도 냉혹할 정도로 냉엄했다.

랜시는 이게 끝인 줄 알았고 슈트라우스는 자신의 말과는 다르게 바로 작곡에 착수하여 불과 5개월 만인 9월에 곡을 완성한다. 그리고 악보에 '한 미국 병사에게서 영감을 받아서'라고 적었다. 자신을 알아봐 준 것에 감격했는지 말로는 거절했지만, 마치 나 아직 안 죽었어! 하면서 마음으로는 이미 붓을 들었던 것이다. 슈트라우스는 곡을 완성한 뒤 랜시를 찾았지만, 그는 이미 그곳을 떠나 고국으로 돌아간 뒤였다.

곡은 다음 해인 1946년 2월 스위스의 톤할레 오케스트라와 악단의 수석 주자인 사일레(Marcel Saillet)에 의해 초연되었고, 랜시는 이런 사실을 모른 채 귀국했다. 또한 같은 해 9월 오보 주자 레온 구센스(Léon Goossens)에 의해 영국 초연이 이루어졌고, 구센스는 발 빠르게 다음 해 1947년 9월 세계 최초로 녹음을 남긴다. 이 시기 슈트라우스는 악보를 개정하였지만 구센스는 이를 반영하지 않았다.

얼마 후 랜시에게 같이 참전한 동생으로부터 형이 의뢰한 곡이 작곡되어 초연되었다는 오키나와 신문 기사를 전하게 된다. "한 미국 병사가 오보곡을 써달라고 부탁하여 여든한 살의 슈트라우스가 미국 병사의 제안으로 오보 협주곡을 작곡하다."

비로소 랜시는 자신을 위한 작품이 탄생했음을 뒤늦게나마 알게 된다. 다시 슈트라우스와 연락이 이루어지고 작곡자는 랜시에게 미국에서의 초연을 부탁하게 된다. 하지만 랜시는 당시 피츠버그 심포니에서 필라델피아 오케스트라 부수석으로 자리를 옮긴 뒤였다.

피츠버그 심포니 수석이 왜 다른 악단의 부수석으로 간 것일까? 혹시 독재 지휘자 프리츠 라이너를 피해 유진 오먼디의 필라델피아로 간 것이 아닐까? 실은 오먼디의 요청이 있었다고 하며 당시 필라델피아 수석이 랜시의 스승인 마르셀 타부토였다. 그는 부수석인 관계로 독주 협연을 할 수 없어 다른 이에게 권한을 넘긴다. 결국 CBS 심포니의 수석인 밀러(Mitch Miller)가 미국 초연을 하게 된다. 그리고 1964년 8월 필라델피아 수석인 된 그는 오먼디와 비로소 곡을 연주한다. 1945년 곡이 작곡된 지 19년 만이다.

곡은 모차르트적이기보다 하이든에게 영감을 얻은 듯하며 슈트라우스 만년의 작품 중에서 가장 낭만적이라 할 수 있다. 특히 1악장에는 끝날 것

같지 않은 긴 선율이 무려 56마디나 펼쳐진다. 그래서 오보 주자를 애먹이는 곡이다. 또한 곡 전체가 오보의 특징들에 의해 지배되는 것이라 마치 쇼팽 협주곡이 피아노에 의한 모든 것임과 같은 맥락이다. 그리고 느린 2악장 안단테는 저녁 빛의 아름다운 서정이 외로움을 자아낸다. 한편 마지막 3악장은 미국 병사와의 만남을 떠올리는 노작곡가의 그리움이 잔잔히 흐른다. 이런 곡은 마치 늦가을에 나타나는 여름 날씨인 작곡가 자신의 '인디언 여름'을 떠올린다. 오보 협주곡으로서는 모차르트, 마르첼로의 것과 더불어 가장 유명한 명작으로 자리한다.

슈트라우스와 랜시 1945년

한편 랜시의 녹음은 곡이 만들어진 지 무려 무려 42년 만인 1987년 나이 예순여섯 살에 남기게 된다. 무슨 생각이었을까? 궁금해지는 대목이지만 자세한 내막은 알 길이 없다. 그는 1977년 필라델피아 오케스트라를 그만두었고 후에 루돌프 제르킨 후임으로 커티스 음악원 원장이 되는데,

85년 퇴직하여 녹음을 남기게 된다. 특히 제자인 페터 블룸은 2005년 랜시와 이 협주곡의 탄생 과정을 '역사, 기억, 그리고 리하르트 슈트라우스의 오보에 협주곡'이란 글로 학회에 발표하여 자세하게 밝힌 바 있다.

존 드 랜시 녹음 음반

녹음은 실내악단과 협연을 하게 되는데, 이름도 없는 악단이고 지휘자 역시 RCA의 아르투르 루빈스타인 녹음 제작자인 맥스 윌콕스(Max Wilcox)가 하게 된다. 하지만 그 연주 수준은 대단한 것이라 놀라지 않을 수 없다. 참고로 곡은 1948년 수정되었지만 랜시는 실내악적 울림이 있는 원본 악보로 녹음했다. 아마도 작곡가가 원한 '모차르트처럼 맑은 울림을'이라는 지시를 지키고 싶었기 때문일 것이다.

이런 랜시의 녹음은 마치 노작곡가와의 소중한 인연을 추억하듯 감동적인 연주를 펼친다. 서정적인 선율 속에는 인간적 흐뭇함이 서려 있고, 특히 2악장 안단테는 그 당시를 회고하는 듯한 애절함과 그리움의 필치가 잔잔한 여운으로 이어진다. 더불어 아름다운 마음의 흔적이 묻어난다. 참으로 감회가 새로운 한 편의 소설과 같은 아름다운 이야기가 아닐 수 없다.

참혹한 전쟁 속에서 피어난 참전 군인과 대작곡가의 소중한 인연은 사람의 따스함을 전하고 있다. 더불어 인생을 정리하던 슈트라우스 개인의 회한을 떠올리게 된다. 그는 1948년 전범 재판에 회부되어 무죄 판결을 받았지만 다음 해 세상을 떠난다.

1991년 발매된 CD 음반 표지에는 꽃시계가 있는데, 랜시를 위해 1959년 작곡된 장 프랑세(Jean Françaix)의 곡 제목이 〈꽃시계〉이다. 이런 탓에 필자는 이 음반을 하찮은 오보 소품집으로 보았고, 앙드레 프레빈이라는 지휘자 이름을 중앙에 표시해 랜시의 존재감이 없어 보였다. 결국 나중에서야 그 진가를 알았고 부랴부랴 찾게 되는데, 발매 당시보다 몇 배의 가격을 더 주고 어렵사리 구하게 된다.


랜시는 비록 음악가였지만 참전했고 그 덕에 슈트라우스로부터 곡을 받았고 또 프랑스에서는 사랑하는 아내를 만나는 행운도 누렸다. 더불어 참전에 대한 자부심 그리고 다른 이들이 존경까지 받았을 것이다. 우리나라는 운동선수나 음악가들에 대해 병역 면제 혜택(?) 주고 있다. 뭔가 잘못되었다는 생각이 들지 않는가 왜 면제일까? 나라를 지키고 싶은데 너는 훌륭한 음악가나 운동선수여서 안 된다? 목숨을 바쳐 나라와 가족을 지키는 것은 너무나 숭고한 일이다. 그런데 그런 것을 막는다. 크게 잘못된 것이다.

미국 남북전쟁 당시 흑인들은 참전할 수가 없었다고 한다. 이게 흑인에 대한 혜택인가 깜둥이 개무시지. 피아니스트 파울 비트겐슈타인은 1차 대전에 참전하여 오른팔을 잃었고, 바이올리니스트 앨버트 샘몬즈는 참전하여 탱크 위에서 바이올린을 연주하였다. 또한 라벨도 대전 중 공군에

자원하였지만 체력 미달로 입대가 거부되자 운전병으로 참전했고, 쇼스타코비치 역시 체력 미달로 소방 부대원이 된 바 있다.

이순신이 훌륭한 인재라서 병역 면제를 받는다고 생각해 보면 이해가 빠를 것이다. 참으로 한심한 나라다.

John de Lancie (c) Michsel Bayard 1979

# 나의 실수와 남의 실수

### 스메타나 〈나의 조국〉

라파엘 쿠벨릭/체코 필하모닉 오케스트라

체코를 대표하는 작곡가라고 하면 흔히 드보르작을 떠올리지만 이보다 앞선 세대의 국민주의 음악가 스메타나를 빼놓을 수 없다. 체코 음악의 아버지라 일컫는 그는 애국적인 정신을 고취하는 작품을 많이 남겼는데, 대표적인 것이 유명한 '몰다우'가 포함된 여섯 곡의 연작 교향시 〈나의 조국〉이다. 그는 누구보다도 애국심이 높았고 조국과 자연을 사랑하여 그 심경으로 만든 작품이다. 작곡은 쉰 살에 시작하여 약 6년의 세월이 걸렸고 특히 도중에 청력을 상실하면서도 완성한 역작으로, 뜨거운 민족애와 더불어 자신의 파란만장한 생이 같이 숨 쉬는 대작이다. 곡이 완성된 지 5년 뒤 그는 정신병원에서 비참하게 생을 마친다.

곡의 구성은 제1곡 '높은 성(비셰흐라드)', 제2곡 '몰다우', 제3곡 '샤르카',

제4곡 '보헤미아의 숲과 초원에서', 제5곡 '타보르', 제6곡 '블라니크'로 되어 있고, 이 중에서 '몰다우'는 인기 있는 관현악곡으로 자리하는데, 특히 물의 요정의 흐느끼는 듯한 시정이 가슴을 설레게 해 묘한 향수를 자아낸다. 몰다우(Moldau)는 프라하를 관통하여 흐르는 강으로 체코의 어머니라 불리며 체코어는 블타바(Vltava)다. 전 여섯 곡은 무려 80분에 이르는 대곡이라 주로 몰다우만을 따로 떼어내어 연주나 녹음되는 경우가 많다.

이런 〈나의 조국〉은 프라하에서는 매년 스메타나 기일인 5월 12일 개막되는 음악제 '프라하 봄'의 시작을 알리는 첫 곡으로 체코 필하모닉에 의해 연주된다. 이런 관행은 1946년부터 시작되었는데, 이때 연주는 맡은 이는 라파엘 쿠벨릭이었다. 그는 당시 불과 서른두 살로 체코 필하모닉의 상임 지휘자였다. 하지만 2년 뒤 나라가 공산화되자 민주화가 되기 전에는 절대 돌아오지 않겠다고 하면서 조국을 떠난다.

망명 후 그는 〈나의 조국〉의 녹음을 여섯 차례나 남겼고, 그중 1971년 보스턴 심포니와 남긴 연주가 가장 완성도가 높다. 세월이 흘러 1990년 조국이 '프라하 봄'이라는 벨벳 혁명으로 민주화가 된다. 말하자면 프라하의 봄은 예술과 정치의 두 가지 의미를 지닌다. 드디어 조국으로 돌아간 그는 1990년 프라하의 봄에서 첫 곡인 〈나의 조국〉 연주의 지휘봉을 무려 42년 만에 다시 들게 된다.

1990년대는 지금처럼 인터넷 같은 미디어 매체가 활성화되지 못했기에 해외 소식을 접하기가 쉽지 않았다. 다만 개인적으로 집에 커다란 접시형 안테나를 달아서 위성방송을 즐기는 소수의 사람만이 있었다. 당시 후배 하나를 알고 지냈는데 좀 산다고 떠벌리는 인물이었다. 어느 날 그는 "선배님!" 하면서 거품을 물기 시작하였는데 쿠벨릭이 42년 만에 조국에 돌아와 〈나의 조국〉을 지휘하는 것을 봤다는 것이다.

"어떻게?"

"위성 접시 안테나가 있잖아요!"

"그래 어떻든?"

"선배님, 죽입니다!"

"뭐가?"

"글쎄 쿠벨릭이 감정이 복받쳤는지 눈물을 흘리면서 지휘를 하더라고요!"

"그래, 넌 봐서 좋겠다."

"선배님도 나중에 LD나 DVD로 꼭 보세요."

스메타나 〈나의 조국〉 DVD

그렇게 깐죽거리는 후배가 어찌나 얄밉고 부럽던지.

이 실황은 CD 음반이 1990년 체코에서 발매되었고 우리나라에서는 라이선스가 1999년 비로소 발매되었다. 그때 후배의 말이 생각나서 음반을 구입하였다. 물론 영상은 없었다.

한 세기가 가기 전인 1999년 나는 『명반의 산책』이라는 명반 안내 책자를 내놓게 되는데, 여기에 체코를 대표하는 스메타나의 〈나의 조국〉이 빠질 리가 없었다. 통상 한 곡당 세 가지의 좋은 연주를 추천하였는데, 특별히 쿠벨릭의 연주는 두 가지나 소개했다. 이것은 앞서 말한 후배의 영향이 컸다. 쿠벨릭이 울면서 지휘했다고 하는데 소개하지 않을 수 없었다. 하지만 그때까지도 영상물을 본 적이 없었고, 오직 음반을 통해 연주만을 접했고 울었다고 하는 사실 여부는 확인할 생각조차 하지 않았다. 그 후배도 음악에 꽤 조예가 있다고 자부하는 터였기에 그의 말을 철석같이 믿었다. 난 책에다가 1990년 '프라하 봄'의 실황 연주를 눈물을 흘리며 지휘하는 모습이 감동적이라고 썼다. 하벨 대통령도 참석한. 말하자면 보지도 않고 그냥 썼다는 얘기다. 또 두 번째 책 『클래식 이야기』에도 같은 글을 실었다.

세월은 아무렇지도 않게 제법 많이 흘렀다. 5년 정도 되었을까? 처음에는 비싸던 DVD도 저렴한 가격에 구입도 쉬워졌다. 마침 쿠벨릭의 연주가 생각이 나서 DVD를 찾아보았다. 하지만 국내에선 구하기가 힘들었다. 그래서 약간의 비용을 감수하면서 외국에서 사게 되었다. 그러고는 자아~ 그 감동적인 현장에 동참해 볼까나?

음악회는 먼저 스메타나의 오페라 〈리브셰〉 중 팡파르로 시작되면서 하벨 대통령 내외가 귀빈석에 자리한다. 이어지는 체코의 국가 연주 착석, 그리고 〈나의 조국〉의 첫 곡 〈높은 성〉이 시작된다. 나는 눈물을 흘리는 쿠벨릭의 모습을 보기 위해 눈을 까뒤집고 영상을 시청했다. 하지만 장장 80분이나 되는 연주 내내 쿠벨릭의 눈물 흘리는 모습을 찾지 못했다. 다만 첫 곡의 도입부에서 상기된 듯한 표정으로 지휘를 하는데, 자세히 보니 눈시울이 다소 붉어짐을 알 수 있었고 끝곡 피날레에서도 감격에 겨운 표정을 읽을 수 있었다. 그리고 연주 내내 땀을 많이 흘렸는데 혹시 이것을 보고 그놈의 후배가 과장해 뻥 친 것이 아닌가 싶었다.

오히려 80분 동안 눈물 흘리는 장면을 찾아내려고 부라린 내 눈에서 눈물이 날 지경이었다. 헉! 그 허탈감과 당혹스러움이란…. 책에다가 눈물을 흘린다고 두 번이나 썼는데 실없는 사람이 되고만 꼴이었다. 그것도 수정될 수 없는 활자화된 책이니 난감하기 그지없었다.

결국 나는 그것을 수정하고자 무려 8년을 기다려야 했고, 드디어 2009년 나온 『불후의 클래식』에 '눈시울을 붉히며'로 수정할 수 있어 그나마 다행이었다. 후배 말만 믿고 확인도 하지 않고 쓴 내가 경솔했다. 그러면 잘못된 정보를 전해 준 후배는? 연락이 끊긴 지 이미 오래다.

그런데 이것이 다가 아니었다. 이런 수정을 하기 전인 2004년 우연한 기회에 한 권의 책을 접하게 되었는데, 눈을 의심하지 않을 수 없는 구절을 발견한다. 그것은 1990년 '프라하의 봄' 음악제에서 〈나의 조국〉을 연주한 음반을 소개하면서 쿠벨릭이 눈물을 흘렸고 하벨 대통령과 모든 관객이 눈물을 흘렸다는 내용이었다. 어라! 설마 그럴 리가? 혹시 다른 영상물을 본 것이 아닐까? 순간 내 머리를 스쳐 가는 나의 실수 맞어! 내가 책에다 쿠벨릭이 눈물을 흘린다고 썼잖아? 그 사실을 수정한 것은 2009년이고. 모든 것이 내 탓이란 생각이 들었다.

미술 시험 시간에 생긴 일이다. 답은 화가 '로댕'이었다. 정답을 쓴 학생 뒤에 앉은 학생이 이것을 컨닝했다. 그런데 잘못 보고 '오댕'이라고 적었다. 그리고 뒤에 앉은 학생은 혹시 컨닝한 것이 들통날까 봐 머리를 굴렸다. '덴뿌라!'

나는 얼마 전 덴뿌라를 발견하게 된다. 2010년 모 사이트 지식백과 곡의 해설인데 여기서도 하벨이 눈물을 흘렸다고 했고 아예 DVD로 확인 가능하다는 문구까지 있다. 정말일까? 물론 아니다. 이 DVD는 이미 절판이다. 그런데 왜? 곡의 해설에 연주에 관한 글을 실었을까? 마치 스메타나 나의 조국이 아니라 쿠벨릭 나의 조국으로 착각하기에 십상이다.

이제는 악화가 양화를 구축한 것이나 다름없다.


곡의 명연주로는 쿠벨릭의 1990년 실황보다는 1971년 보스턴 심포니의 연주가 좋고 다른 이의 연주로는 카렐 안체를이 추천할 만하다. 그리고 '몰다우'만의 연주로는 헤르베르트 폰 카라얀과 조지 셸 그리고 아르투로 토스카니니의 것을 추천한다.

참고로 쿠벨릭은 1996년 여든두 살의 나이에 스위스 자택에서 세상을 떠났고 그의 유해는 프라하 비셰흐라드 묘지 아버지 얀 쿠벨릭 곁에 묻혔다. 조국에서 살다 죽지 않았다는 얘기다.

라파엘 쿠벨릭/보스턴 심포니 오케스트라

# 장송풍의 알레그레토

## 베토벤 교향곡 7번

카를로스 클라이버

악성(樂聖) 베토벤은 교향곡, 협주곡, 실내악, 기악곡, 소나타 등 거의 모든 방면에서 뛰어났고, 그중에서도 단연 손꼽을 분야는 역시 교향곡이다. 특히 교향곡의 역사에 있어 타의 추종을 불허하는 최고 경지를 이룩하였고, 이에 바그너는 '교향곡의 역사는 베토벤에서 끝났다'란 말까지 남겼다.

이런 그가 남긴 교향곡 수는 소위 '불멸의 아홉'인데 그 성격을 두 가지로 나누어 볼 수 있다. 하나는 정열과 활력의 디오니소스(dionysos)적인 것이고, 다른 하나는 부드럽고 정적인 아폴론(apollon)적인 것이 그것이다. 번호로 보면 홀수인 1, 3, 5, 7, 9번이 디오니소스적이고, 짝수인 2, 4, 6, 8번이 아폴론적이다. 말하자면 홀수의 정열적인 것과 짝수의 부드러운 것이 대조를 이루며 짝을 이룬다. 1번의 발랄한 박력과 2번의 세련된 유화, 3번 〈영웅〉의 웅장함과 4번의 유연함, 5번 〈운명〉의 강력함과 6번 〈전원〉의 온아함, 7번의 극적 강렬함과 8번의 부드러운 여유가 확연한 대비를 이룬다.

한편 아홉 곡 중에 제목이 있는 것은 3번 〈영웅〉, 5번 〈운명〉, 6번 〈전원〉, 9번 〈합창〉이다. 물론 '운명'의 경우 우리나라와 일본에서만 통용되는 별칭이다. 그래서 아홉 개 중 인기가 높은 곡은 역시 제목이 붙은 것들이다. 제목이 붙여졌다는 것은 곡이 인상적인 것임으로 그만큼 좋다는 것을 방증한다. 그렇다면 제목이 없는 곡들은 시원치 않은 곡인가? 물론 아니다. 특히 제목이 없는 7번은 오히려 제목이 있는 곡을 능가하는 인상적인 명편으로 자리한다. 베토벤 자신도 '나의 가장 훌륭한 교향곡들 가운데 하나'라고 했다.

곡상은 철저히 디오니소스적 일면을 드러낸 것으로 운명을 박차고 나가는 강렬하고 의지에 넘치는 힘의 분출을 나타낸다. 특히 어느 교향곡보다도 생기에 넘치는 율동이 전편을 지배하는 나약한 나르시시즘을 거부한 작품이다. 말하자면 숨김없어 드러내고 있으며 거기에는 즐거움과 분격의 열광, 급작스러운 대비, 거창한 용솟음 그리고 거인적인 폭발이 있다. 클라라 슈만의 아버지 비크는 술에 취해 작곡했다고 했고 괴테는 공포감마저 느꼈다고 한다. 그래서 바그너는 이 곡을 '무도(舞蹈)의 성화(聖化)'로, 리스트는 '리듬의 신격화'로 불렀다.

곡은 그의 나이 마흔세 살 때 작곡되었고 전쟁과 실연의 정신적인 극복을 디오니소스적인 즐거움을 한껏 구가한다. 1악장은 장중한 느린 서주부로 시작되며 조금은 장황한 전개로 마치 목적지로의 방황에 대한 의지를 연상케 한다. 2악장 알레그레토는 3번 〈영웅〉의 2악장처럼 '장송행진곡'이란 제목을 붙이진 않았지만, 같은 장송풍으로 가슴 저 밑바닥에 면면히 흐르고 있는 비감과 애수를 띤 엄숙한 주제이다. 마치 실연과 전쟁의 상처를 연상시키듯이 무언가를 암시하는 내면적 서정과 정신적인 감동이 있다. 더불어 리타니아(Litania)와 같은 간절한 기도와 순례를 떠올린다. 초연 시 앙코르로 연주될 만큼 큰 반향을 일으켰고 그래서 베토벤 교향곡 악장 중 가장 대중적인 것이 된다. 슬픔의 위안과 평온을 갈구하는 기묘한 악장으로 '영원한 알레그레토'라 불린다.

그리고 3악장 프레스토는 무아지경의 춤으로 슬픔을 순식간에 씻어버린다. 마지막 4악장 알레그로는 폭발적 음형으로, 베토벤은 "나는 인류를 위해 좋은 술은 빚는 술의 신 바쿠스이며 그렇게 빚어진 술로 사람들을 음악에 취하게 한다"라고 하였다. 한마디로 미친 듯한 존재감의 베토벤다운 대미라 하겠다.


1997년 한 해가 저물어 갈 무렵인 대선 때의 일이다. 이상하게도 대통령 선거에서 내가 찍은 후보가 된 적이 단 한 번도 없다.

야당 후보가 천신만고 끝에 당선되었다. 물론 나는 찍지 않았다. 하지만 한때 지지했던 터라 나도 모르게 당선은 설레는 기대감을 주기에 충분하였다. 또한 그 사람 개인의 인생 역정으로도 의미가 있고 우리나라 정치사에서 여러 가지로 뜻깊은 당선이었다. 지금은 사정이 완전히 달라졌지만 당시는 그랬다. 그러다 보니 방송사는 특유의 호들갑을 떨지 않을 수 없었다.

당선이 확정되자마자 당선자에 대한 특집 말하자면 몇 년에 어디서 태어나 어렸을 적부터 남다른… 등등 따위가 되겠는데, 이런 프로에 근사한 배경 음악이 빠지면 그야말로 싱겁기 짝이 없는 것은 당연했다. 위대함을 강조하려는 듯한 장중한 목소리의 아나운서 대사가 흘렀고 그 뒤에 음악이 깔리기 시작했다. 그런데 뭐 눈엔 뭐만 보인다고 음악이 내 귀에 얼른 다가왔다. 왜냐하면 클래식 음악이었기 때문이다. 하지만 귀를 의심하지 않을 수 없었다. 그것은 다름 아닌 베토벤 교향곡 7번의 유명한 장송풍의 2악장 알레그레토였기 때문이다. 이게 무슨 소리냐 할 것이다.

베토벤 교향곡 3번 〈영웅〉은 잘 알려져 있듯이 보나파르트 나폴레옹에게 헌정하려고 한 작품이다. 물론 나중에 황제로 등극했다는 소식을 듣고 격노하여 헌정하지 않았지만. 그런데 더 놀라운 것은 자신이 존경한다고 한 나폴레옹에게 헌정하려는 작품에 '장송행진곡'을 포함한 것이다. '2악장, 장송행진곡-아다지오'라고. 누가 보면 미친 짓거리로 볼 일인데 만약 헌정되었더라면 나폴레옹은 과연 어떤 표정을 지었을까 하는 상상을 해보게 된다. '저놈을 당장….' 하여튼 베토벤은 영웅의 비극적 최후를 염두에 두었는지도 모르겠다.

그렇다면 교향곡 7번의 경우는 어떠한가? 사실 2악장에는 '장송행진곡'이란 표시는 없다. 그냥 빠르기인 '알레그레토'로 되어 있다. 그런데 왜 장송이냐 할 것이다. 실은 내용 면에서 교향곡 3번의 '장송행진곡'과 일맥상통하는 장송풍의 곡조이다. 들어 보면 장중한 행진곡을 연상시키며 어딘지 모르게 그 발걸음에는 슬픔이 감도는 것이다. 말하자면 베토벤의 숨겨진 의미와 같은 은유라 하겠다.

예전에 베토벤을 소재로 한 『불멸의 연인』이란 영화가 있었다. 특이한 것은 영화의 음악감독이 거장 지휘자 게오르그 솔티였다. 여러 가지 베토벤 음악들이 영화의 장면에 쓰였는데 교향곡 7번 2악장도 나오게 된다. 근데 어떤 장면이냐 하면 베토벤의 조카 칼의 권총 자살 장면이다. 죽음으로 가는 장송풍의 행진곡이라는 게 솔티의 의도이다. 이런 사실은 솔티

만의 생각이 아닌 보편적으로 알려진 사실이다.

　이런 곡을 새 대통령 당선 축하에 쓰다니⋯. 곡이 나오는 순간 나도 모르게 대통령직 인수위원회에 전화해야겠다는 생각이 들었다. 그러면 프로그램 담당 PD는? 하는 생각이 머리를 스쳤다. 그냥 있을 수밖에 없는 상황이었다. 시간이 지나고 취임식이 거행될 때까지 이 프로그램에 대한 얘기는 그 어디서도 듣지 못했다. 모르는 것이 약일 때도 있군! 하긴 클래식 음악을 잘 아는 사람이 드물었을 것이야! 하곤 그 일은 이내 기억 속으로 사라져 버렸다.

　세월은 흐르고 다음 대통령이 나오고 정권은 계속 바뀌었다. 그때마다 나오는 것은 전 정권이나 전직 대통령에 관한 비리 얘기다. 특히 그 대통령에 대한 비리 얘기가 터져 나오자 당선 당시 장송행진곡 사건을 떠올리게 되었다. 그런데 어디선가 다음과 같은 얘기가 전해졌다. 그런 곡을 튼 것은 음악을 몰라서가 아니라 의도된 고도의 복선 행위였다는 것이다. 물론 끼워 맞추기식 해석이라고 볼 수 있지만 무척 설득력 있게 들렸다. 마치 베토벤이 영웅 교향곡에 '장송행진곡'을 넣은 의도와도 어딘지 모르게 비슷하다는 생각이다.

　그러면 과연 베토벤의 장송풍 행진곡을 대통령 당선 축하 프로그램에 튼 숨겨진 의도는 무엇이었을까? 그냥 멋지고 장중한 음악이라서 아니면 진짜로 나라가 장송이 되는 것을 알리기 위해? 개인적 사건으로는 그때부터 정말로 나라에 망조가 들었다는 생각을 지울 길이 없다. 애석하지만 장송이 되어버린.

　이런 교향곡 7번의 추천할 만한 좋은 연주로는 먼저 가장 격렬한 아르투로 토스카니니의 모노 녹음을 추천한다. 한마디로 광란의 질주와 같은 디오니소스적 열연 그 자체라 하겠다. 다음으로는 카를로스 클라이버의 폭발적 활력 넘치는 신선한 명연주를 떠올리게 된다. 언제 들어도 알레그 레토에는 무언지 모를 가슴 밑바닥으로부터 끓어 오르는 비애가 감동적 이기만 하다.

아르투로 토스카니니

# 덧없는 마지막 선율

베를리오즈 〈요정의 춤〉

네빌 매리너

〈요정의 춤〉이란 곡은 엑토르 베를리오즈가 작곡한 4부의 극적 이야기 〈파우스트의 겁벌〉 중 제2부 제7경(景)에 나오는 음악이다. 〈파우스트의 겁벌〉은 처음에 연주회 형식의 오페라였는데, 나중에 독창과 합창 그리고 관현악단을 위한 극적 이야기(전설)로 바뀌었다. 그리고 겁벌(劫罰)은 'damnation'의 번역으로 지옥으로 떨어뜨리는 천벌이나 파멸을 뜻한다.

베를리오즈는 젊은 시절 괴테의 대작 『파우스트』를 대했고 이를 음악으로 만들기로 마음먹는다. 그래서 스물다섯 살 때 여덟 곡으로 된 〈파우스트의 8경〉 작품 1을 작곡한다. 그러나 아무런 주목도 받지 못했고, 18년 뒤 다시 몇 곡을 더해 전 4부 20경의 극적 작품으로 재탄생시키게 된 것이 〈파우스트의 겁벌〉이다. 괴테가 30년을 매달려 쓴 파우스트처럼 그도 무려 18년의 세월에 걸쳐 작곡된 그의 정열이 반영된 걸작이다. 하지만 당시는 큰 주목은커녕 혹평을 받았던 비운의 작품이다. 그런데 사후에 연주되어 역설적이게도 19세기 말 프랑스에서 베를리오즈를 가장 유명하게 만든 작품이기도 했다.

전곡은 무려 두 시간 반에 이르는 초대작으로 오페라와 달리 극적 이야기 형식의 연주회용이다. 하지만 줄거리를 따라서 즐길 만한 성격은 아니어서 독특하고 특이한 형식이다.

〈요정의 춤〉은 〈파우스트의 8경〉 중 3경에 그리고 〈파우스트의 겁벌〉 중에서는 2부의 7경에 나온다. 파우스트의 주위를 요정들이 춤추고 있는 장면을 나타낸 것으로 따로 관현악곡으로도 자주 연주된다. 환상적이면서도 우아한 왈츠가 시종 듣는 이를 매혹시킨다. 3분 정도의 짧은 곡이지만 종종 앙코르곡으로 자주 연주되는 아름다운 곡이다. 참고로 1부 마지막 곡인 〈헝가리 행진곡〉(리스트 헝가리 광시곡 15번)도 종종 연주되는 유명한 것이다.


FM 방송에서 오래 진행을 맡은 음악평론가 김범수(1947~2004)를 기억하는 이들이 많다. 선생은 1982년부터 '명반 비교 감상', '클래식 광장', '음악 살롱', '음악의 산책', '명연주 명음반', '음악의 향기' 프로그램을 진행하였다. 23년간 진행한 것인데 유창한 언변이 아닌 진지하고 학구적인 자세로 많은 청취자의 뇌리에 깊은 인상을 남긴 바 있다.

특히 선생의 글은 베토벤 현악 4중주, 부다페스트 4중주단 연주 LP의 해설인 '문화적 의의에서 본 베토벤의 음악'이 유명한데, "음악은 우주적인 언어이다"라고 시작되는 이 글은 참고문헌만 열한 권에 이른 심오한 내용이다. 필자도 이 글을 참고하여 『불후의 클래식』을 쓸 정도로 명문(銘文)이었다. 또한 선생의 학위 논문도 '헤르만 헤세의 삶과 문학에 있어서 음악적 의미'로 학구적인 깊이를 추구한 평론가이자 해설가였다. 양금미옥(良金美玉)을 떠올리는.

필자도 선생이 오랫동안 진행한 방송을 통해 많은 음악적 지식을 쌓았음은 물론이다. 말하자면 클래식 애호가들의 큰 길잡이였고, 클래식 방송사에도 큰 자취를 남긴 셈이다. 하지만 그 끝은 비극으로 끝나게 된다.

2002년 선생은 프로그램 개편으로 '명연주 명음반'을 하차하고 '음악의 향기'를 맡게 되는데 황금시간대에서 새벽 시간으로 옮긴 아니 좌천 같은 것이었다. 결국 2004년 선생은 '음악의 향기'를 마지막으로 4월의 첫날 만우절에 방송국 앞마당에 싸늘한 주검으로 쉰일곱의 그리 길지 않은 생을 마감한다. 신문에는 급환으로 별세란 짤막한 부고 기사만이 실렸을 뿐이다. 그래서 다들 자살임을 모른다. 이에 급히 이 프로를 맡은 이가 바로 필자인데 아직도 담당 PD가 울먹이며 필자에게 부탁하던 그 목소리를 잊을 수 없다.

헤르베르트 폰 카라얀

바로 이 '음악의 향기'의 주제곡이 베를리오즈 〈요정의 춤〉이다. 선생이 선택한 연주는 네빌 마리너의 성 마틴 아카데미 합주단인데, 이 연주에는 특별히 글로켄슈필(실로폰과 비슷한 일종의 철금)을 첨가하여 환상적이고 몽상적인 그리고 신비스러움이 돋보인다. 유명한 카라얀의 연주를 들어 보면 차이를 쉽게 알 수 있다. 그래서 마치 인생의 덧없음을 그려 내기라도 하듯이 슬픔이 흔적이 묻어난다. 파우스트가 자살을 생각한 것처럼.

선생님과의 추억을 기억하는 나만의 마음 때문인지도 모르겠지만, 마치 천국에서 바라보는 미련 가득한 생의 애착이 느껴진다면 너무 자의적인가? 생상은 이 곡을 가지고 〈동물의 사육제〉에서 코끼리를 표현했는데 코끼리는 어찌할 수 없는 커다란 문제를 상징한다. 이제는 세월이 흘러 20년이 더 지났건만 이 곡을 들을 때면 어디선가 선생님의 목소리가 들리는 것만 같다.

참고로 연주 단체 이름이 'Academy of Saint-Martin in the Fields'로 매우 거창하다. 그 유래는 런던의 트라팔가 광장에 있는 세인트 마틴 인 더 필즈 교회에서 낮에 열리는 음악회에서이다. 그리고 빈 고전파 음악의 권위자인 트루스톤 다트 박사의 해석을 바탕으로 하는 현악기 주자들로 구성되었다. 1959년 정식으로 결성되고 초대 지휘자 겸 리더가 매리너이다.

매리너 연주는 『The most relaxing classical』이란 EMI 편집 2CD 속에 포함되어 있고, 원래는 『The sound of the academy』란 1987년에 나온 LP다.

네빌 매리너 CD

# 곡의 정체, 그것이 알고 싶다

## 오펜바흐 〈자클린의 눈물〉

〈자클린의 눈물〉

1986년 독일의 오르페오 레이블에서 나온 『밤의 어울림(Harmonies du soir)』이라는 첼리스트 베르너 토머스의 소품집이 있다. 이 음반의 첫 곡이 프랑스 오페레타의 창시자인 오펜바흐의 〈자클린의 눈물(Les larmes du Jacqueline)〉이란 곡인데 친숙한 선율과 비가풍의 분위기 덕분에 높은 인기를 구가한다. 더불어 국내 클래식 음반 사상 경이적인 판매고를 올리게 된다. 이에 토머스는 1996년 내한 공연을 하기도 하였다. 결국 이런 인기에 힘입어 첼로 소품의 명곡으로 자리하게 되고 여타 첼리스트들도 이곡의 녹음을 앞다투어 남기게 된다.

그런데 정작 이 곡의 정체가 모호한데 글로브 음악사전의 오펜바흐 작품 목록에도 등재되어 있지 않은 곡이기 때문이다. 그래서 여러 가지 소문에 의하면 베르너 토머스가 새롭게 발굴한 곡이란 것인데, 오펜바흐의 작품 〈Harmonies des bois(숲의 어울림)〉 Op. 76 중의 하나로 제목은 베르너 토머스가 따로 붙인 것이라고 한다. 그리고 Op. 76은 모두 네 곡인데, 나머지 곡은 〈Le Soir〉, 〈Élégie〉, 〈La chanson de Berth〉이다. 이런 〈자클린의 눈물〉은 1853년 작곡되어 프랑스 시인 우세(Arsène Houssaye)에게 헌정된다.

일설에는 1987년 요절한 첼리스트 자클린 뒤 프레(Jacqueline du Pre)를 떠올리며 헌정되었다고 하지만, 불치병으로 고통스럽게 죽어가는 사람에게 헌정할 만한 곡은 아니라서 근거가 없다. 또한 곡이 발표된 것이 1986년으로 뒤 프레 사망 전 발표된 곡이니, 시간적으로도 맞지 않는다. 한마디로 떠도는 헛소문일 뿐이다.

또 흥미로운 것은 음반의 〈자클린의 눈물〉 원어 표기에 이상한 오류가 있다는 것이다. 프랑스어 'Les larmes du Jacqueline'에서 du는 남성형인 'de le'의 준말이므로 du가 아닌 여성형 'de(de la)'가 맞다. 하지만 du로 쓰는 것도 허용하고 있어 뒤 프레의 'du'를 연상시킨다.

그렇다면 왜 자클린이라는 이름이 나온 것일까? 자클린은 흔한 여자 이름으로 오펜바흐 딸 이름이 바로 'Jacqueline Offenbach'이고 자신의 이름도 남성형인 'Jacques'이다. 그래서 자신의 딸을 위해 작곡한 피아노곡 중에 〈자클린(Jacqueline)〉이란 것이 있다.

또한 오펜바흐가 젊은 날인 20대에 첼리스트로 명성을 날리던 시절 〈말타(Martha)〉란 오페라로 유명한 작곡가 플로토(Friedrich von Flotow)와 같이 연주하면서 만든 첼로 작품집이 『꿈(6곡)』과 『밤의 노래(6곡)』라는 두 권(1839년) 있다. 이 중 1권 『꿈』에 〈눈물(Les larmes)〉이란 곡이 있지만 〈자클린의 눈물〉이란 곡은 없다. 결국 이들 작품집 중에 소실된 것을 토머스가 발굴했을 거란 얘기다.

아니면 혹시 토머스가 이 〈눈물〉이란 곡과 〈자클린〉이라는 피아노곡을 염두에 두고 자신이 만든 곡이 〈자클린의 눈물〉이 아닐까 하는 추측을 조심스럽게 하게 된다. 특히 눈물이란 곡의 분위기가 〈자클린의 눈물〉과 흡사해 이런 생각을 가지게 되었다. 물론 토마스는 이 곡에 대해 공식적으로 언급한 적은 없는 것으로 알고 있다. 또한 음반 해설에도 곡의 발굴이나 진위에 대해서도 언급된 바는 없다. 자필악보는 전하지 않고 토머스 판본의 첼로와 관현악을 위한 것이 나와 있다.

참고로 〈Harmonies des bois〉라는 작품 속에 포함되었다고 하는데, 실제로 오펜바흐의 곡 중에는 〈Harmonies du soir〉라는 곡이 따로 있다. 또 〈Chants du soir〉라는 작품도 있고 〈Le soir〉가 있고, 〈자클린의 눈물〉에도 '비가(Élégie)'란 부제가 붙어있고 작품 76에는 또 〈비가(Élégie)〉가 따로 있다. 뭔가 복잡하고도 이상하지 않은가?

베르너 토머스 악보

그리고 오펜바흐의 이름을 보면 바흐라는 단어가 들어가 있는데, 원래 그의 아버지 에버스트(Issac Juda Eberst)가 태어난 곳이 독일의 Offenbach am main이었고 그곳에서 유명한 음악가였기에 성을 오펜바흐로 바꾼 것이다. 그래서 자크 오펜바흐의 원래 이름은 Jacob Eberst로 프랑스로 이주하면서 Jacques Offenbach로 바꾼 것이다.

독일 태생의 프랑스 작곡가인 자크 오펜바흐는 최고의 오페레타 작곡가로 알려져 있다. 오페레타(operetta)란 '작은 오페라'란 뜻으로 경가극 혹은 희가극으로 말하며 대사를 중심으로 무용이나 연극적 요소가 강하다. 상류계급의 오락이었던 오페라를 보다 서민적인 가벼운 오락으로 만든 대중판으로 이해하면 된다. 이보다 더 대중적인 것이 오늘날의 뮤지컬이다. 뮤지컬은 전통 클래식 음악이 아니고 또 음악이 아닌 음악적(musical)인 그런(?) 것이다. 참고로 '오페라의 유령'은 오페라와는 무관한 뮤지컬 작품의 제목이다.

이런 오페레타의 대표작이라면 역시 캉캉 춤으로 유명한 〈천국과 지옥〉을 떠올리게 된다. 원제는 '지옥의 오르페우스(Orphée aux Enfers)'이다. 캉캉은 프렌치 캉캉으로 더욱 널리 알려져 있는데 그 유래는 정확하지 않다. 다만 가십이나 스캔들을 의미하는 속어라고 생각된다. 그의 작품은 오락성이 강하다는 이유로 낮게 평가되지만 '샹젤리제의 모차르트'라는 찬사를 받기도 했다. 그가 남긴 작품으로는 미완성 오페라 〈호프만의 뱃노래〉를 비롯하여 무려 90여 편에 이른다. 참고로 〈빠리의 기쁨(Gaîté Parisienne)〉이란 작품이 있는데, 이는 1938년 지휘자인 마뉴엘 로장탈이 오펜바흐의 여러 곡을 가지고 발레음악으로 새롭게 만든 것이다. 그래서 유명한 캉캉 춤과 호프만의 뱃노래 등을 들을 수 있다.

〈자클린의 눈물〉은 대단히 통속적이고 비가풍인데 비장한 분위기의 선율과 깊은 울림의 감흥이 대단하다. 또 곡의 중간에는 우리 가곡인 〈우리의 소원은 통일〉과 비슷한 선율이 나와 더욱 친밀감을 전한다. 곡이 가볍다고 무시한 예도 있지만 포레 〈엘레지〉와 더불어 첼로 소품의 유명한 비가로 어엿이 자리한다. 더불어 유례가 없는 큰 인기를 누리면서 클래식 음악 보급에 일익을 담당했을 정도다.

곡의 연주는 베르너 토머스 말고 여러 첼리스트에 의해 녹음되고 있으나 원조라는 말처럼 토머스의 연주를 능가하는 것은 없다. 토머스 첼로 특유의 서정적 울림이 단연 돋보이기 때문이다. 더불어 여타 연주들은 피아노 반주에 의한 것이지만 토머스는 특별히 현악 합주의 실내악단이라 현악의 깊은 울림이 그 분위기를 배가시킨다. 참고로 토머스는 쾰른 필하모닉 여섯 주자로 이루어진 첼로 합주로 연주를 남긴 바 있는데, 현악 합주 쪽이 슬픔의 감정을 진하게 전한다.

필자는 CD 초반으로 이 곡을 처음 접했는데 지금도 그때 심금을 울렸던 서정적 감성을 잊을 수 없다.

첼리카티시모

오펜바흐 플로토 작품집

# 아무도 잠들지 말라!

푸치니 〈투란도트〉 'Nessun Dorma'

프란체스코 몰리나리-프라델리

    오페라(歌劇)란 각본이 있는 음악의 한 형식이다. 원어인 'opera'는 라틴어 opus(작품)의 복수형으로, 작품들 즉 말하자면 독창, 합창, 노래, 연기 등을 포괄적으로 지칭한다.

    최초의 작품은 1597년 만들어진 야코포 페리(Jacopo Peri)의 〈다프네(Dafne)〉이며, 고전 그리스 극을 되살리고자 하는 르네상스 운동에서 시작한다. 이 작품은 현재 전하지 않고 1600년경 작곡된 〈에우리디체(Euridice)〉가 가장 오래된 오페라로 남아 있다.

    음악의 여러 형식 중에서 내용이 존재하는 것은 오페라를 비롯하여 오라토리오, 가곡 등이 있다. 그래서 내용이 없는 기악곡인 교향곡이나 실내악은 다소 어려운 것으로 여겨지기도 한다.

이에 반해 오페라는 아름다운 서정적 가락인 아리아, 이야기하듯이 부르는 레치타티보, 합창 등이 나와 다채로움을 준다. 더불어 가장 중요한 것은 장면이 있고 말하자면 음악 연극인 셈이다. 이런 특징 탓에 언어적인 것을 제외하면 매우 친숙한 형식이 된다. 하지만 내용은 늘 변함이 없기에 전곡을 반복적으로 감상하기보다는 친숙한 아리아를 중심으로 듣게 된다. 결국 오페라라는 형식은 실제로 직접 보는 것이 가장 좋은 방법이다. 물론 음악만의 감상 역시 유용하다.

클래식 음악이 많이 나오는 프랑스 영화 『언터처블 1%의 우정』에 보면 평범하고 가난한 간병인이 부유한 예술 애호가인 전신 불구의 사람과 같이 베버의 오페라 〈마탄의 사수〉를 관람하는 장면이 나온다. 나무가 노래하는 것을 보고 빵 터지며, 독일어를 알아듣기나 하냐고 껄껄거리며 크게 비웃는다. 일반인들의 오페라에 대한 솔직한 모습을 묘사한 것이기도 하다. 요즘은 오페라 공연에서 번역 자막을 제공하는 시대인데, 어떤 이는 오페라를 보러 가서 공연 내내 자막만 보고 왔다고 한다.

이탈리아 출신의 자코모 푸치니는 베르디와 더불어 최고의 오페라 작곡가로 불린다. 그 스스로 극장을 위하여 작곡할 것을 신에게서 명 받은 사람이라 생각했다고 한다. 그래서 베르디 〈아이다〉를 듣고 오페라 작곡가가 되기로 결심한다. 대표작으로는 〈라 보엠〉을 비롯하여 〈토스카〉, 〈나비부인〉, 〈잔니 스키키〉 그리고 유명한 〈투란도트(Turandot)〉가 있다. 최후의 작품이 된 〈투란도트〉는 중국의 자금성을 배경으로 한 3막의 오페라인데, 전곡을 완성하지 못하고 벨기에에서 수술 후유증으로 죽자 제자인 프랑코 알파노가 나머지를 완성한다. 그래서 초연 시 지휘자 토스카니니는 "마에스트로가 작곡한 것은 여기까지입니다"라고 하면서 연주를 끝낸 일화는 유명하다.

그 내용은 다음과 같다. 세 가지 수수께끼를 풀면 투란도트 공주와 결혼할 수 있다. 그러나 맞추지 못하면 목숨을 내놓게 된다. 그런데 나라를 잃고 방황하던 타타르국의 왕자 칼라프는 투란도트 공주를 보고는 사랑에 빠지게 되고 또 공주와 결혼할 수 있는 수수께끼에 도전하고 모두 맞춘다. 하지만 공주는 제멋대로 결혼을 거부하는데, 이에 칼라프는 공주에게 자신의 이름을 맞추며 원하는 대로 죽어 주고 그렇지 않으면 자기와 결혼할 것을 제안한다. 공주는 누구도 잠자지 말고 그의 이름을 알아내라고 불호령을 내린다. 한편 관리들은 칼라프의 이름을 알아내려고 그의 시종 류를 고문하는데, 그녀는 칼라프를 사랑했고 그래서 왕자의 이름을 말해 버려 칼라프가 죽임을 당할까 봐 스스로 목숨을 끊는다. 여기까지가 푸치니가 작곡한 부분이다. 이를 보고 감동한 공주는 칼라프와 결혼을 결심한다. 그리고 칼라프의 이름을 말한다. '사랑(Amor)'이라고.

아리아 'Nessun Dorma' 즉 '누구도 잠들지 못하리'란 아리아는 3막 〈왕궁의 정원〉에서 칼라프가 계단에 비스듬히 몸을 기대고 있는데, 저 멀리서 '이름을 알아낼 때까지 잠들어선 안 된다'는 공주의 명령을 전하는 사자의 목소리가 들려오고, 이때 칼라프가 사랑의 승리를 확신하며 부르는 노래이다. 말하자면 자신의 진정한 사랑을 알아주지 못함을 안타까워하며 죽임을 당하는 되는 절체절명의 순간에 부르는 절규에 가까운 노래다. 참고로 오페라 아리아는 정식 제목이 없는 관계로 흔히 가사의 첫 구절을 제목으로 통상 사용한다. '누구도 잠들지 못하리'는 첫 가사이고 '공주는 잠 못 이루고'는 내용을 상징하는 제목이다.

투란도트는 가학적인 인물로 구혼자들의 목숨을 빼앗으며 쾌감을 맛보는 사디스트였는데, 이런 것은 마치 질투심이 강했던 푸치니의 아내 엘비라를 연상시킨다. 엘비라는 모차르트 〈돈 조반니〉에 나오는 돈나 엘비라가 떠오르는데, 푸치니는 돈 조반니에 버금가는 바람둥이였다. 이런 엘비라는 푸치니와 간통을 해서 부부된 사이였다. 그리고 시종 류는 엘비라의 극도의 질투심으로 인해 자살한 푸치니의 하녀 도리아 만프레디를 연상시킨다. 이 일은 당시 이탈리아를 떠들썩하게 했던 이른바 '도리아 만프레디 사건'이다. 사건의 전말에 음악을 붙이면 한 편의 유명한 오페라가 될 법한 그런 뜨거운 화젯거리였다. 그래서 푸치니는 여성들의 심리 묘사에 능통한 오페라를 남겼는지도 모른다.

더 놀라운 사실은 푸치니의 의붓딸인 포츠카가 〈서부 아가씨〉 작가 치비니니와 간통이었고 이 사실은 만프레디에게 들키자 포츠카는 이를 은폐하고자 푸치니와 만프레디가 간통이었다고 엄마 엘비라에게 흘렸던 것이다. 결국 만프레디는 자살로 본인의 무고함을 알렸고 간통이 아님이 밝혀져 만프레디를 죽음으로 몰았던 엘비라는 실형을 받기에 이른다. 믿어지지 않지만 천하의 바람둥이인 푸치니는 만프레디와는 정작 아무 일이 없었고 오히려 사촌 줄리아와 아들까지 둔 불륜이었다. 그래서 이런 만프레디를 생각하여 투란도트에 류의 죽음을 일부러 넣은 것이라고도 한다.

사족이지만 오래전 '토스카'란 이름의 자동차가 있었는데 오페라에서 토스카는 자살하는 비련의 여주인공이다. 그 자동차도 이름처럼 판매량이 저조한 비운의 차량이 되고 만다. 또 〈토스카〉 오페라를 매우 좋아하던 한 유명 변호사가 미국산 전기차를 타다 화재로 죽은 사건도 있었다. 그런 그에게 〈토스카〉의 명연주인 빅토르 데 사바타 지휘, 마리아 칼라스 노래의 한정판 CD를 구해준 이가 바로 필자였기에 많이 놀랐고 또 마음이 무거웠다.

한편 『미션 임파서블』은 유명한 배우 땀 크루즈 형님의 간판 영화인데, 이 중 5편 '로그네이션'에 이 〈투란도트〉 오페라가 나온다. 실제 오스트리아 국립 오페라 극장에서의 투란도트 공연 장면인데, 서곡이 없는 시작부터 노래가 나오고 드디어 'Nessun Dorma'가 나오는데 곡의 끝부분인 빈체로(Vincerò)의 "rò" A(라) 음에 맞춰 알토 플루트로 위장한 총으로 총리를 암살하는 것이다. 죽음을 떠올리는 극적인 것이라 깊은 인상을 심어준 바 있다. 참고로 영화의 오페라는 필립 오갱(Philippe Auguin)이 지휘하는 빈 필하모닉이며 칼라프 역은 테너 그레고리 군데(Gregory Kunde)이다.

또 폴 포츠라는 휴대전화 판매원이 있었다. 그는 한 오디션 프로그램에 나가 노래를 부르게 된다. 그는 특이하게도 아니 뭐랄까? 회식 자리에서 가곡을 불러 분위기를 깬다고 해야 하나, 하여튼 그는 오페라 아리아를 불렀다. 그 아리아는 'Nessun Dorma'였는데 여타 아리아 중에서도 최고의 기량을 요하는 곡이었다. 그는 풍성한 몸매에 그저 그런 외모를 갖춘 아재풍이었다. 이런 이가 오페라 아리아를 부른다고 했으니 장내 있는 사람들이 무슨 생각을 했을까 능히 짐작이 갈 것이다. 하지만 노래가 시작되고 장내는 갑자기 숙연해지기 시작했고 그의 열창에 감동하여 눈물을 흘리는 이도 있었다. 격정의 노래는 끝이 나고 여자 심사위원은 눈물을 훔쳤고, 남자 심사위원은 당신은 우리에게 신선한 공기를 선사했다는 찬사를 보냈다. 이 장면은 엄청난 반향을 일으켰고 그는 하루아침에 유명스타가 되었다.

무언가가 사람들의 눈물샘을 자극했던 것인데, 사람들 대부분은 오페라 아리아의 내용을 잘 몰랐을 것이다. 'Nessun Dorma'라는 이탈리아어는 물론 푸치니라는 이름도 몰랐지만 그들은 감동했다. 왜? 이 노래는 한

남자가 자신의 진정한 사랑을 알아주지 않아 절규에 차 부르는 노래다. 폴 포츠 역시 그가 살아온 고단한 삶의 흔적들을 되돌아보며 같은 심정으로 혼신의 힘을 다해 불렀고 그것이 모든 이들을 감동시키고야 만 것이다. 이것이 음악이 갖는 위대함이다.

누구도 잠들지 말라!
누구도 잠들지 말라!

공주, 그대 역시
그대의 차가운 방에서
사랑의 희망에 떨고 있는
저 별을 보는구나.

그러나 나의 비밀은 내게 있으니
내 이름은 아무도 알 수 없으리.
아니, 빛이 퍼져갈 때
내가 그대의 입에 말하리라.
그리고 침묵을 깨는 입맞춤이
그대를 나의 것으로 만들지니.

밤이여 밝아 오라,
별이여 사라져라!
나의 승리여, 승리여!

'Nessun Dorma' 한 곡만을 듣고자 할 때는 루치아노 파바로티의 연주가 단연 최고이다. 그가 장기로 한 아리아인 만큼 그 시원스러운 가창의 쾌감이 대단하다. 또한 1990년 로마 월드컵 쓰리 테너 공연의 백미를 장식하기도 하였다.

전곡 연주로는 헤르베르트 폰 카라얀이나 프란체스코 몰리나리-프라델리(Francesco Molinari-Pradelli)의 지휘 녹음이 좋다. 특히 몰리나리-프라델리 것이 이상적인데, 투란도트의 브리기트 닐슨, 칼라프의 프랑코 코렐리의 배역은 다시 나올 수 없을 정도로 탁월하다.

루치아노 파바로티

이런 〈투란도트〉 오페라는 이상하게도 우리나라에서 초대형 공연이 많았다. 2003년 상암동 월드컵 경기장 공연 그리고 최근 2024년 푸치니 서거 100주년 기념으로 올림픽 체조 경기장과 코엑스 두 가지 공연이 그것이다. 악몽 같은 공연이었다는 상암동 경기장 공연의 볼멘소리를 뒤로하여 다시 악몽은 재현되었다. 체조 경기장 공연은 플라스틱 의자에 앉아

보았다는 비아냥이 흘러나왔고, 또 두 달 후 코엑스 전시장에서 열린 공연은 표 가격이 무려 100만 원에 달했다. 본고장 라 스칼라좌 수준이다. 이런 공연은 취소, 환불 등 거의 난장판 수준이었다.

왜 이런 공연이 계속 이어지는 걸까? 그것도 꼭 투란도트 공연이고. 이런 공연에 사람들이 가지 않으면 되는데 세상은 그렇지가 않은 모양이다. 호화로운 오페라 극장 옆면 박스에서 봐도 성이 차지 않는데, 야외인 한데서 플라스틱 의자에 앉아서 마이크를 쓴 오페라를 관람하다니…. 이게 우리의 클래식 수준이란 말인가? 무슨 유명 대중가수 공연도 아니고.

특히 마이크를 쓰는 클래식 공연은 난 사기라 말한다. 마이크를 통한 소리를 듣는다면 집에서 음반을 통해 좋은 오디오로 듣는 것과 무엇이 다른가? 국내 한 성악가가 연습 중 자기 순서에 관계자가 마이크를 들이대자 버럭 화를 내면서 '나 테너 성악가야!' 하면서 마이크를 내친 적이 있다고 한다. 하지만 최근에는 모든 성악가가 마이크를 통해 노래를 부르는 추세다. 관객도 당연하게 여기며 이제는 아예 오케스트라 공연에서조차 마이크를 써 뒤에서도 소리가 나오니 유구무언(有口無言)일 뿐이다.

멀쩡한 오페라 극장을 놔두고 도떼기시장 같은 대형 경기장으로만 나가 오페라 공연을 하고 또 여기에 비싼 돈 내고 사람들이 몰려가는 이유가 몹시 궁금할 따름이다.

# 죄수들도 감동한

## 모차르트 〈피가로의 결혼〉 '편지 이중창'

영화 『쇼생크 탈출』

『쇼생크 탈출(The Shawshank Redemption)』(1994년)이라는 오래된 영화가 있다. 스티븐 킹의 중편 소설 『리타 헤이워드와 쇼생크 탈출』 원작의 프랭크 다라본트 감독 각본의 영화다. 흔히 이 영화를 탈출 영화라고 알고 있는데 그렇지가 않다. 그러면 무엇인가? 필자는 예술 즉 음악을 통한 인생의 구원을 다룬 영화라 말한다. 이 영화의 명장면은 주인공 앤디가 탈출에 성공하여 비를 맞으며 기뻐하는 장면이라고 하지만, 진짜 백미는 모차르트 오페라 〈피가로의 결혼〉 중에 나오는 아리아 '편지 이중창'이 교도소 내에 울려 퍼지는 장면이다.

영화에서 앤디는 교도소 내 도서관에서 일한다. 그래서 여러 곳으로부터 책과 음반을 기증 받게 된다. 그중 〈피가로의 결혼〉 LP를 발견하곤 그것을 교도소 내에 틀어 버린다. 그때 나오는 아리아가 바로 유명한 '편지 이중창'이다. 영화 속 음반은 프레비탈리(Fernando Previtali)의 지휘 음반이지만 실제로 나오는 연주는 칼 뵘의 지휘 음반이다. 이 아리아를 들은 죄수들은 그 자리에 넋을 잃고 음악에 빠지게 되고, 특히 동료 죄수인 살인범 레드는 그 아리아에 대한 그 어떤 음악평론가보다도 멋진 말을 남긴다.

페르난도 프레비탈리 지휘

"이탈리아 여자들이 뭐라고 노래했는지는 모른다. 나는 알고 싶지 않았다. 모르는 것이 나을 때가 있다. 말로는 표현할 수 없었고 가슴이 아프도록 아름다운 얘기이며 그래서 자유를 느꼈다."

이 사건으로 독방에서의 벌을 마치고 나온 앤디는 동료들과 더욱 의미

심장한 대화를 나눈다.

"오~ 마에스트로 양반! 힘들었지 않나?"

"아니, 모차르트가 친구여서 괜찮았다"

"뭐? 오디오라도 있었던 거야"

"아니, 내 머리와 가슴에 음악이 있고 아무도 빼앗아 갈 수 없기에 음악이 아름다운 것이야, 음악을 느껴본 적이 없나?"

레드. "예전에 하모니카를 불었지, 하지만 쇼생크에서는 소용이 없어."

앤디. "아니다. 세상이 나쁘지만은 않다는 것을 잊지 않게 해 준다."

이에 레드는 "잘못하면 자살로 이끌 수도 있어 희망은 위험한 것이야, 뭔 헛소리야!" 그리고 숟가락을 집어 던지며 나가 버린다.

이 장면이 영화가 주는 주제이며 핵심이다. 마치 음악 영화 같지 않은가? 탈출이란 제목 탓에 자칫 이 영화는 단순 탈출 영화로 보인다. 하지만 제목을 보라! 감옥을 탈출(escape)하는 것이 아니라 세상으로부터 "구원(redemption)"인 것이다. 음악으로 인해 쇼생크 즉 험난한 세상사로부터 나를 구원할 아니 구원받을 수 있는 것을 말하고 있다.

그렇다면 그 아리아의 내용이 그러한가? 역설적이게도 아니다. 오페라에서 알마비바 백작이 피가로의 약혼자인 백작 부인의 하녀 수잔나를 꼬시기 위해 눈독을 들인다. 이를 안 백작부인은 수잔나를 불러 남편에게 만나자는 편지를 쓰라고 하면서 두 사람이 부르는 노래다. 백작부인 로지나는 화가 나서 수잔나로 변장하여 남편을 혼쭐을 내고자 하는 노래다. 그런데 노래는 너무도 아름답다. 마치 가사와는 아무 상관이 없다는 듯이.

만약 쇼생크의 죄수들이 이 내용을 알았다면 '알마비바 백작은 완전 제 삿날이군' 하면서 키득키득 거렸을 것이다. 하지만 그들은 내용을 전혀 몰랐고 오직 음악의 아름다움에만 도취되었다. 이것이 모차르트 음악이 갖는 위대함인데, 상류 사회에 대한 비판 내지 풍자 같은 작품이지만 그 속에서 음악의 아름다움을 놓치지 않았다. 그래서 레드의 대사에 '나는 알고 싶지 않았다'는 것이고, 결국 모르는 것이 약이 된 셈이다. 정말 절묘하지 않은가?

이것은 영화 각본을 쓴 감독 다라본트의 계산된 치밀한 연출이었다. 그는 각본을 쓸 적 실제로 〈피가로의 결혼〉을 들으며 작업을 하였고, 이 아리아를 듣는 순간 이것을 영화의 한 장면에 삽입시킨 것이다. 우리의 고단한 삶은 예술 즉 음악에 의해 구원받을 수 있다고 하면서. 철학자 니체도 말한 바 있다. '삶은 예술을 통해 구원된다.'

영화『쇼생크 탈출』은 영화적인 재미도 대단하지만, 보는 이의 인생을 되돌아보게 되는 그리고 음악이 주는 우리 생의 의미를 되씹게 되는 소중한 명작이다.


오페라 〈피가로의 결혼〉의 원작은 보마르셰(Pierre-Augustin Beaumarchais)가 쓴 희곡『피가로의 결혼』(일명 미친 날)이다. 원래는 3부작으로 1부『세빌리아(세비야)의 이발사』, 2부『피가로의 결혼』, 3부『죄 많은 어머니』다. 1, 2부는 희극이라 인기가 높지만 3부인 정극이라 인기가 없다. 특히 1, 2부는 귀족계급의 부패나 체제의 부정을 폭로한 것이라 상영 금지된 혁명 직전의 시민극과 같은 것이었다.

희곡『세빌리아의 이발사』는 1782년 파이시엘로(Giovanni Paisiello)의 의해 오페라로 만들어졌고, 다시 1816년 로시니(Gioacchino Rossini)가 만들어 큰 인기를 끌게 된다. 그래서 〈세빌리아 이발사〉라고 하면 로시니의 오페라를 떠올리게 된다. 로시니 〈세빌리아 이발사〉의 속편이 1786년 나온 모차르트 〈피가로의 결혼〉 셈인데, 〈세빌리아 이발사〉가 나중에 나와 발표 연대는 거꾸로다.

〈피가로의 결혼〉은 전 4막의 3시간 반짜리 긴 오페라로 대본은 폰테 (Lorenzo da Ponte)가 쓴 이탈리아어이다. 유명한 아리아는 1막 피가로의 '더 이상 날지 못하리', 2막 백작부인의 '사랑한다 말해 주오', 3막의 '편지 이중창'이 유명하다.

'편지 이중창'의 첫 가사가 산들바람의 노래로 시작되어 흔히 '산들바람 은 부드럽게'라는 제목으로도 알려져 있다. 영화 중 나온 연주는 칼 뵘의 1968년 녹음으로 백작부인에 군둘라 야노비츠, 수잔나에 에디스 마티스 이다. 독일과 스위스 출신 소프라노다. 특히 이들의 가창은 최고의 아름 다움을 들려주는데 마치 저 높은 하늘에서의 소리와도 같다. 흉악한 죄수 들을 감동시킬 만한.

칼 뵘 연주 이외에도 명연주로는 모노이지만 에리히 클라이버 연주 그 리고 클라우디오 아바도와 카를로 마리아 줄리니 연주를 추천한다.

칼 뵘 지휘

에리히 클라이버 지휘

# 화려하고 요란한 행렬

## 엘가 〈위풍당당 행진곡〉

에드워드 엘가 지휘

무릇 해가 지지 않은 나라, 그 이름도 당당한 '대영 제국(British Empire)' 이었지만 음악에는 열등했다. 일찍이 쇼팽이 말하기를 '영국은 유럽에서 가장 비음악적인 나라다'라고 한 바 있다. 왜냐하면 변변한 유명 작곡가를 들기가 그리 쉽지 않기 때문이다. 고작해야 바로크 시대 헨리 퍼셀 정도다. 흔히 헨델을 들먹이지만 그는 독일 태생이다.

하지만 영국인들은 예로부터 음악 듣기를 매우 좋아하였고, 에스테르하지 가문에서 은퇴한 하이든을 초청해 잘로몬 콘서트를 열 정도였다. 특히 BBC 프롬스 음악축제로 유명한 세계 최대 규모의 공연장 로열 앨버트 홀을 갖추고 있다. 1871년에 만들어진 이 홀은 무려 5,200명이나 들어가는데 원래는 12,000명을 수용하기도 했다 하니 그저 놀라울 따름이다. 그들은 음악을 듣는 것에는 진심이다.

이런 상황에 고전파와 낭만파 시대를 지나 19세기에 등장한 에드워드 엘가의 존재는 그야말로 한 줄기 빛과 같은 것이었다. 물론 바흐, 하이든, 모차르트, 베토벤 등에 견줄 만한 것은 아니지만 그나마 영국의 체면을 세워 줄 작곡가로 자리한다. 그의 대표작으로는 여러 작품이 있지만, 특히 유명한 것으로는 그 이름도 화려한 〈위풍당당 행진곡〉을 떠올리지 않을 수 없다.

이런 〈위풍당당 행진곡〉은 모두 다섯 곡이지만 필자에게는 1번이 머릿속 깊이 각인되었던 오래전 기억이 있다. 클래식 음악을 잘 모르던 1980년대 고등학교 시절의 일이었는데 국경일 행사 때마다 들려온 음악이 있었다. "전00 대통령 각하께서 입장하십니다." 하면서 뒤에 흐르는 인상적인 곡상을 잊을 수가 없다. 도대체 이런 휘황찬란한 음악이 있단 말인가? 팝송에 심취한 나를 매혹시키고도 남음이 있었다. 당시 그 곡이 무엇인지는 몰랐고 부랴부랴 수소문 끝에 엘가의 〈위풍당당 행진곡〉임을 알게 되었고, 영국 국기가 펄럭이는 그림의 네빌 매리너 연주 음반을 사게 된다. 지금도 1번 행진곡을 들으면 그때가 떠오르고 또 음악이 주었던 당당함의 감흥을 잊을 수 없다.

그 이름도 거창한 〈위풍당당 행진곡〉. 위풍당당은 한자어 威風堂堂이다. 그런데 원어인 영어 'pomp and circumstance'의 의미는 좀 다르다. 사전을 보면 pomp는 화려한 행렬이나 장관을 뜻하고, circumstance는 일의 상황이나 정황을 뜻한다. 또 고어에서는 형식에 치우침이나 요란함을 뜻해 '화려한 행렬과 요란함?' 정도의 뜻이 된다. 그렇다면 엘가는 어디서 이런 말을 찾았을까? 답은 셰익스피어의 『오텔로』에서다. 3막 3장에 다음과 같은 대사가 나온다.

"울부짖는 군마여, 드높은 나팔소리여.

가슴을 뛰게 하는 북소리, 귀를 뚫을 듯한 피리 소리여. 저 장엄한 군기여.

명예로운 전쟁의 자부심도, 찬란함(pomp)도 장관(circumstance)도 모두 끝이다!"


찬란한 장관이 어떻게 하여 위풍당당으로 바뀌었을까? 바로 일본에서다. 우리는 클래식 음악이 서양 즉 미국이나 유럽에서 들어온 줄로 알고 있다. 하지만 아니다. 우리는 개화를 일본에 나라를 빼앗기면서 했기에 클래식 음악도 일본을 통해서 들어오게 된다. 그래서 같은 한자 문화권인 우리에게도 일본 한자어를 자연스럽게 받아들인 것이다.

일본은 번역에 능한데 그래서 클래식의 제목을 자기네 화(化) 즉 일본식 한자어로 하게 되고 'pomp and circumstance'란 제목도 직역보다는 음악적 분위기를 참작하여 멋진 한자어 '위풍당당(威風堂堂)'으로 바꾸게 된 것이다. 내가 처음 음악을 듣고 느낀 것과 같은 감흥에서. 물론 의역이지만 곡을 들어보면 절묘하다는 생각이 절로 든다. 참고로 위풍당당의 영어 번역은 'be majestic'이다.

이런 예는 많다. 가장 대표적인 것이 차이코프스키 교향곡 〈비창(悲愴)〉이다. 불어 'pathétique'은 비장한, 감동적인 뜻인데 교향곡의 내용을 보면 슬픈 그리고 마음이 아픈 것이라 한자어 비창으로 번역한 것으로 오히려 걸맞다. 그래서 비창이란 말은 사전에 등재된 말이지만 실제로는 음악에서만 쓰이고 생활에서는 쓰이지 않은 특이한 말로 자리한다. 슈베르트의 〈겨울 나그네(Winterreise)〉 역시 '겨울 여행'이지만 오히려 겨울 여행을 떠나는 나그네를 표현하여 더욱 문학적이다.

한편 베르디 오페라 〈춘희(椿姬)〉의 경우, 원어로는 〈라 트라비아타 (La traviata)〉이다. 그런데 이 트라비아타의 뜻이 타락한 여인이라서 번역하면 좀 상스러워진다. 이에 일본에서는 원작인 뒤마의 소설 제목 『La Dame aux camélias(동백꽃의 여인)』을 번역한 한자어 '춘희'로 한 것이다. 오히려 더 점잖고 품위를 갖춘 제목이 된 셈이다. 이래도 '라 트라비아타 (타락한 년)'를 고집할 것인가? 외국어는 세련되고 한글 춘희가 촌스럽다는 생각이 더 촌스러운 것이다.

음악 형식에 광시곡(狂詩曲)이라는 한자어가 있다. 미친 시의 곡이라는 뜻이다. 이것 역시 일본에서 '랩소디(rhapsody)'를 번역한 것인데 정말로 미친 시의 곡일까? 한자 미칠 광자는 미쳤다는 뜻 이외에도 방랑한다는 뜻도 있다. 방랑적인 시의 곡이란 뜻으로 번역한 것이다. 틀린 번역이 아니다. 일본은 우리보다 클래식을 일찍 받아들였고 그것을 더욱 알리고 보급하기 위해 자신들의 언어로 이해하고 알기 쉽게 심사숙고하여 번역한 것이다.

이런 위풍당당의 제목은 곡의 분위기를 대변하는 것이라 엘가의 뜻과는 조금 다른 것이 되었는데, 그가 택한 'pomp and circumstance'는 과거의 영광을 의미한다. 하지만 그것이 사라져 버렸다는 것이고 그것이 결코 허세가 아니어야 한다는 것이다. 그래서 허식이나 허세의 뜻을 지닌 'pomp'과 형식에 치우침의 뜻을 지닌 'circumstance'를 썼던 것이고 그것이 진정한 것이어야 함을 강조한다. 그가 즐겨 쓰던 말인 고귀하게 (nobilmente)처럼.

곡은 모두 다섯 개이지만 1번의 선호도가 단연 압도적이다. 1901년 리버풀에서 초연되었고 곧바로 런던 연주회에서 세 번의 앙코르를 받을 만

큰 인기를 끈 곡이다. 또한 에드워드 7세 대관식에 〈대관식 송가〉 중 종곡으로 편곡되어 더욱 유명해진다. 그리고 1902년 벤슨이 가사를 붙인 〈희망과 영광의 나라(Land of hope & glory)〉라는 노래로 마치 국가처럼 불린다. 특히 BBC 프롬스 음악회 대미를 장식하는 노래이기도 하다. 2번은 1번과 같이 1901년 작곡되었고 불안하면서도 신경질적인 면이 돋보인다. 3번은 1904년 작곡된 서정적인 곡상이며, 4번은 1907년 작곡되었고 특유의 당당함으로 부인 앨리스가 가사를 붙인 〈자유의 노래(Song of Liberty)〉로 유명하다. 특히 2차 대전 중 애창되었다. 5번은 1930년 작곡되었는데 유쾌한 표정이 인상적이다. 그리고 6번은 미완성으로 남겨졌지만 2006년 앤서니 페인이 보필하여 완성한 바 있다.

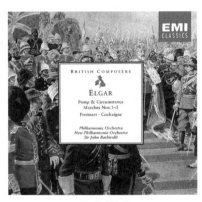

존 바비롤리

추천할 만한 연주로는 엘가 자신의 연주가 있다. 통상 연주 시간은 곡당약 6분 정도인데 엘가는 빠르게 5분 내로 연주하여 다소 단출하다. 엘가자신의 지휘 실력이 범상치 않음을 알 수 있고, 그가 생각했던 영국적인고귀함이 무엇인지를 느낄 수 있다.

존 바비롤리의 연주는 행진곡풍의 신바람은 덜하지만 오히려 가장 영국적인 품격의 섬세함과 활기참이 좋다. 요란스럽지 않은 품위의 온기가 전편에 가득하다. 레너드 번스타인의 연주는 BBC 필하모닉과의 1, 2번 두 곡의 녹음이지만 1번에 있어서 가장 웅장한 것이라 호쾌, 상쾌, 통쾌를 갖춘 명연주이다. 그리고 영국 출신의 노먼 델 마르의 연주 또한 숨겨진 명연이다.

　〈위풍당당 행진곡〉은 깊이를 갖춘 음악이 아닌 행진곡이지만 그 전해지는 웅장한 감흥은 참으로 각별하다. 거만과 위선이 아닌 진정한 위풍당당함을 생각하며.

제1, 2번 레너드 번스타인

# 격정 후의 정적

## 바흐-실로티 전주곡

차이코프스키 피아노 협주곡 1번 에밀 길레스 LP

앙코르(encore)라는 외래어는 사전에 보면 '재청'을 의미하고 음악회에서 연주가 끝난 후 그 연주가 좋아 청중이 한 번 더 연주를 요청하는 것을 말한다. "앵코올~"을 외치면서. 이런 관행은 17세기 오페라에서 아리아를 반복한 데서 유래하여 오늘날까지 이어져 오고 있다.

어원은 11세기 라틴어 'hinc ad horam'에서 시작되는데 hinc는 여기부터, ad는 까지, hora는 시간을 뜻한다. '여기까지' 내지 '아직까지' 정도의 뜻이 되겠는데, 이 말이 프랑스어로 변형되어 아직이란 뜻의 'encore(앙꼬르)'가 된다. 그런데 이 말이 영어로 유입되면서 원래 의미와는 다르게 재청이라 뜻으로 바뀌게 된다. 그래서 프랑스에서는 앙코르를 쓰지 않고 두 번이란 뜻의 라틴어 'bis'를 외친다.

요즘은 이런 앙코르가 남발되는데 마치 앙코르를 안 하면 뭔가 섭섭한 그래서 꼭 앙코르곡을 듣고야 마는 게 대세다. 연주가 역시 앙코르곡을 미리 준비하는 추세다. 앙코르가 나올 것을 미리 알기라도 하듯이.

오래전 1983년은 브람스 탄생 150주년이 되는 해라서 서울 시립 교향악단에서는 브람스 연주회를 개최하게 된다. 이때 처음 내한한 이가 바로 첼리스트 요-요 마다. 당시 불과 스물여덟 살이었다. 연주곡목은 브람스의 '이중 협주곡'이라서 협연에는 바이올리니스트 김영욱이 같이 하게 된다. 〈대학축전〉서곡 연주 후 협주곡의 열연이 이어졌고 곡이 끝난 뒤 앙코르가 터져 나왔다. 그런데 이런 열화가 같은 앙코르 요청에도 이들은 응하지 않았다. 박수가 한참을 이어지자 지휘자 정재동이 말을 꺼낸다. 두 분이 같이 앙코르를 준비한 것이 없어 협주곡 2악장을 다시 연주하겠다고. 그래서 다시 2악장 안단테를 두 번(bis) 듣게 된다. 이것이 내가 들었던 잊지 못할 최고의 앙코르곡이다. 진정한 의미의 앙꼴! 지금도 가끔 희미한 기억 속 세종문화회관의 음률이 떠오르기도 한다.

길레스와 메타

'강철의 타건'이라는 별명을 가진 에밀 길레스란 거장 피아니스트가 있다. 그가 1979년 11월 미국의 링컨센터 에버리 피셔홀에서 주빈 메타가 지휘하는 뉴욕 필하모닉과 차이코프스키 피아노 협주곡 1번을 연주한 적이 있다. 3악장 마지막이 다가오고 그는 어마무시한 타건으로 격정의 순간을 연출하며 곡을 끝맺는다. 이에 질세라 청중들은 곡이 채 끝나기도 전에 박수를 터트린다. 이에 길레스는 앙코르로 화답한다. 그런데 너무도 고요하고 적막을 가르는 아련한 선율의 연주가 이어져 숨을 죽이게 된다. 순간 장내는 갑자기 정적감에 사로잡히게 된다. 강철의 타건이 아닌 섬세한 손길을 접하게 된다. 극적 반전이 아닐 수 없다.

연주된 앙코르는 바흐의 평균율 1집 중 10번 '전주곡'을 실로티가 편곡한 것이다. 극과 극 체험이라 할 수 있는 것으로 강철 타건이라는 고정 관념에 사로잡힌 거장의 진정한 모습이다. 그는 이미 1969년 카네기홀 연주에서도 이 곡을 앙코르로 연주한 바 있다.

이 곡은 바흐의 '평균율 클라비어 곡집' 중 제1집 10번 e단조 BWV 855를 우크라이나 출신의 피아니스트 실로티(Alexander Siloti)가 전주곡과 푸가 중 전주곡만을 b단조로 편곡한 것이다. 실로티는 차이코프스키 제자로 사촌인 라흐마니노프의 스승이었고 특히 라흐마니노프 피아노 협주곡 2번의 초연 지휘를 맡았다. 그는 악보 편집자 겸 편곡자로 유명하여 200여 곡을 편곡하였는데 그중 제일 유명한 것이 바흐 평균율 10번이다. 그리고 이것을 앙코르곡으로 즐겨 연주하던 이가 바로 길레스다. 일명 '바흐-실로티 10번 전주곡'인.

음반은 1980년 LP가 먼저 나왔는데 여기에는 앙코르곡인 바흐-실로티 10번 전주곡이 같이 수록되어 있다. 하지만 1982년 CD가 새롭게 나오자 1983년 CD 음반으로도 출시되는데 아쉽게도 앙코르곡이 빠지고 만다. 불과 4분도 채 안 되는 곡인데 왜 뺐는지 아쉽기만 하다. 80분을 수록할 수 있는 CD에 바이올린 협주곡을 포함해도 70분이라 여유가 있는데 도통 이해가 되지 않는다. 이렇게 아름다운 음악적 순간을 빼먹다니! 그래서 이 곡 들으려면 일본에서 발매된 곡이 누락되지 않은 CD나 아니면 원래 LP를 구해야 한다.

　LP를 사서 처음 들을 때 마지막 곡은 뭐지? 하면서 들던 그 두근거림이 지금도 가슴에 남아 있다.

앙코르곡이 빠진 CD 음반

# 톨스토이의 눈물을 훔친

## 차이코프스키 〈안단테 칸타빌레〉

차이코프스키 발레곡집

러시아를 대표하는 최고의 작곡가 차이코프스키가 있다. 아니 차이콥
스키? 정확한 발음은 "치콥스키"가 맞다. 러시아 영화 『차이코프스키』에
서도 들어 보면 치콥스키다.

우리나라는 특히 외국 유명 음악가 이름 표기가 너무 혼란스럽다. 오래
전 1970년대나 80년대 책을 보면 '바하, 베에토벤, 브라암스, 슈벨트, 모짤
트, 드볼작' 등을 쉽게 볼 수 있다. 근데 이게 자꾸 바뀌는 것이 문제다. 원
어 발음에 가깝게 바꾼다고 하는데 그 많은 나라 그것도 사람 이름을 어
떻게 정확히 표기할 수 있을까? 불가능이다. 고유명사 표기는 그 대상을
식별하기 위한 목적이다. 정확하지 않고 틀렸지만 그것이 이미 굳어졌다
면 받아들여야 한다. 혼란을 피하기 위해. 그런데도 자꾸 카멜레온처럼

무한 변신을 거듭한다. 자신만의 표기가 맞다고 하면서. 플루티스트 '바르톨드 쿠이켄'이 어느 날 '바솔드 카위컨'이 되었다. 같은 사람인데 너무 심하게 다르지 않은가? 패리스(paris), 초핑(chopin) 다 맞다. 미국 사람들은 알아듣는다.

나는 드보르작으로 쓴다. 왜냐? 그냥 익숙해서다. 정확해서가 아니다. 그러나 지금은 드보르자크라고 한다. 맞을까 아니다. 체코어 Dvořák의 발음은 세계에서도 가장 발음하기 힘든 단어 중 하나다. 그래서 2대 대전 종전 때 체코인과 독일인을 구별하기 위해 쓰였을 정도다. 체코를 지배했던 독일인도 정확한 발음이 힘들다는 얘기다. 독일어 인터넷 방송을 들으면 바흐인지 바하인지 구별이 안 된다. 또 베토벤을 비투벤이라 발음하는 것 같기도 하고 하여튼 복잡하고 어렵다. 그래서 나는 내 책에서만은 통일하고 있다. 근데 자꾸 틀렸다고 한다. 분별성만 있으면 된다. 바흐든 바하든 중요하지 않다. 본질은 음악이지 이름 표기가 아니다.

차이코프스키는 교향곡, 협주곡, 오페라 등 여러 형식에 명작들을 다수 남기고 있다. 그런데 취약한 부분이 있는데 바로 현악 4중주이다. 곡은 모두 세 곡이나 남겼지만 모두가 젬병이다. 더군다나 단편인 두 곡이 더 있어 실은 여섯 곡이나 된다. 이런 곡 중에서 유일하게 애청되는 곡이라면 1번을 들 수 있다. 왜냐하면 2악장 '안단테 칸타빌레'를 대문호 톨스토이가 듣고 눈물을 흘렸다는 일화가 유명하기 때문이다. 그나마 차이코프스키의 체면을 살려준 꼴이다. 그렇다면 1번의 곡상은 만족할 만한가? 글쎄 답하기가 힘들다. 그런데 2악장은 참 좋다. 톨스토이가 눈물을 흘릴 만하다고 생각한다. 물론 톨스토이는 피아노를 쳤고 아들도 바이올린을 했기에 음악에 조예가 있었다. 또한 유명 작가이니 예술에 대한 감각이 남다름은 물론이다. 그래서 차이코프스키는 자신의 일기에 '옆에서 나의 안단테를 듣고 있던 톨스토이 뺨 위로 눈물이 흘러내리던 그 순간만큼 그토록 기분 좋고 나의 창조적 능력에 대해 그처럼 자랑스러웠던 때는 내 일생에 결코 없었다'라고 적고 있을 정도다.

이런 안단테 칸타빌레의 주제는 러시아 민요에서 비롯된다. 어느 해 여름 차이코프스키는 우크라이나 카멘카의 여동생 집에 머무르고 있었다. 어느 날 서재의 피아노에 앉아 있으니 밖에서 벽난로를 만드는 일꾼들의 노래가 들려 왔다. 그것은 '와냐는 긴 의자에 앉아 잔에 람주를 채우네. 잔이 채워지기도 전에 에카체리나는 그를 손짓하여 부르네…'라는 민요였는데 애틋한 무언가를 호소하는 듯한 것이었다. 차이코프스키는 이것을 잊을 수가 없었고 피아노용으로 편곡한 '쉰 곡의 민요집'에 수록하게 된다. 그리고 현악 4중주 1번의 2악장에 그 선율을 쓰게 되고 훗날 첼로와 관현악을 위한 곡으로도 편곡한다. 사실 현악 4중주 1번은 다소 지루하고 단조로운데, 2악장 안단테 칸타빌레가 가지는 순박하고 과장되지 않은 러시아적 애수와 우울함이 깃들어 있기에 사랑 받게 된 것이다. 이 점이 톨스토이를 감동하게 했을 것이다. 참고로 이 민요는 림스키-코르사코프의 '러시아 민요집'에도 수록되어 있다.


러시아 출신의 명첼리스트 므스티슬라브 로스트로포비치는 지휘에도 능했다. 그는 1978년 베를린 필하모닉을 지휘하여 차이코프스키 발레음악 〈호두까기 인형〉 모음곡과 〈이탈리아 기상곡〉을 녹음하게 된다. 그리고 추가곡으로 첼로와 관현악을 위한 편곡인 〈안단테 칸타빌레〉를 자신의 지휘와 첼로 연주로 녹음한다.

원곡에서는 약음기를 단 바이올린이 선율을 연주하는데, 여기서는 첼로가 이를 맡고 있어 그 감성적 진폭을 더한다. 더군다나 로스트로포비치

만의 울림이 그야말로 감동적인데 여기에는 그만의 강한 비브라토가 뒷받침되고 있다. 필자가 실제로 본 학생들을 위한 마스터 클래스에서 그가 보인 강하고 빠른 왼손 비브라토는 충격적이었는데, 이것이 듣기에는 매우 부드러워 사람을 매혹시키는 탁월한 것이기도 했다.

나는 젊은 시절 애호가들을 불러 집에서 자주 음악을 듣곤 했는데, 그들이 밤늦게 집으로 돌아가기 전 마지막이라고 하면서 들려주었던 것이 바로 로스트로포비치가 연주하는 〈안단테 칸타빌레〉였다. 그들은 곡을 듣고는 아무 말 없이 돌아가곤 하였고, 그들의 뒷모습에서 톨스토이가 느낀 비스름한 감정의 선을 읽을 수 있어 참으로 행복했다. 아련하고 풍부한 감성적 울림을 남겨두며.

음반은 1978년 녹음되어 LP가 79년에 발매되었고 CD는 이상하게도 〈안단테 칸타빌레〉 연주가 빠지고 3대 발레곡이 수록되었다. 그래서 CD로 〈안단테 칸타빌레〉를 들으려면 『로스트로포비치 첼로 명곡집』이라는 음반을 구하면 된다.

로스트로포비치 첼로 명곡집

# 내가 사랑하는 바하?

니콜라예바가 연주하는 바흐

니콜라예바 연주 바흐

국내 라이선스 LP 시절에 나온 니콜라예바가 연주하는 바흐라는 음반이 있었다. 그런데 음반에는 제목이 타티아나 니콜라예바『내가 사랑하는 바하(당시 표기)』였다 아마도 원래 영어 제목인 'Nikolayeva plays Bach'를 음반 발매사인 서울음반에서 더욱 멋지게 번역한 것이다. 사랑이라는 말을 넣어서 달콤하게. 덕분에 음반 판매고는 높았고 나는 제목보다는 표지에 들어간 그림이 좋아 사게 된다. 하지만 니콜라예바라는 피아니스트와는 초면이었다.

수록곡은 바흐의 '토카타와 푸가', '예수는 인간 소망의 기쁨', '눈 뜨라고 부르는 소리 있어', '작은 푸가', '샤콘느', '내가 주의 이름을 부르리', '시칠리아노'의 모두 일곱 곡이다. 모두 피아노로 편곡된 바흐의 다양한 작품인데 사실 바흐는 피아노란 악기를 본 적이 없다. 피아노는 모차르트 시대부터 등장한다.

당시 CD도 발매되었지만 음반사에서는 LP만을 발매하였고 '어서 오소서 이방인의 구세주여' 한 곡이 시간 관계상 빠진다. 첫 곡인 오르간곡 '토카타와 푸가'서부터 타티아나 니콜라예바의 피아노 선율은 듣는 이의 귀를 단박에 사로잡기에 충분했다. 음반 뒷면 사진을 보니 그녀는 도사풍의 백발 할머니이었다. 나이는 쉰여덟이었지만 머리가 하얗게 세서 그렇게 보였다.

그러나 정작 놀라운 것은 그녀의 아름답고 투명한 서정성이었다. '토카타와 푸가'나 '샤콘느'의 강력함도 일품이었지만 '눈 뜨라고 부르는 소리 있어'의 부드러움이 참으로 보드라웠는데, LP여서 더욱 그렇게 들렸는지도 모르겠다. 이런 것은 '내가 주의 이름을 부르리'로 이어지고 다시 마지막 곡인 '시칠리아노(sciliano)'에서 정점을 이루게 된다. 원래 플루트 소나타 BWV 1031의 2악장을 피아니스트 빌헬름 켐프가 피아노곡으로 편곡한 것인데, 플루트 연주도 좋지만 니콜라예바의 피아노 소리는 애잔함과 뭔지 모를 쓸쓸함으로 가슴을 살포시 적시고 있었다.

이런 연주는 1982년 4월 일본의 이마이치 시민회관에서의 실황인데 녹음 기술로 인해 일절 잡소리는 없다. 그리고 표지의 그림은 르누아르풍인데, 로시니 초상화로도 유명한 이탈리아 화가 비토 단코나(Vito D'ancona)의 『피아노 수업』이라는 그림이다. 마치 화폭 속의 이름 모를 한 소녀가 아름다운 피아노의 소리를 들려주는 듯한 착각을 불러일으키는 화풍이 인상적인데, 실은 꽤나 오래된 소녀인 할머니라 완전히 반전이다. 어쨌든 소녀의 그림과 '내가 사랑하는 바하'라는 제목이 주는 신비한 설렘에 사로잡힌 그런 한 장의 오래된 음반으로 남아 있다.

타티아나 니콜라예바

　음반은 일본의 빅터 레코드 기획인데 LP는 라이선스, CD는 일본 수입이다. 그리고 다른 레이블로도 나온 것이 있지만 표지 그림이 없어져 호감이 줄어든다. 그리고 이 음반이 1집이고 계속해서 2집도 나오게 된다. 그림은 프랑스 화가 장-오노레 프라고나르(Jean-Honoré Fragonard)의 『음악 수업』, 하지만 곡의 내용이 〈이탈리아 협주곡〉, 카프리치오, 환상곡 등으로 선곡이 떨어져 인기가 1집을 능가하지는 못했다. 그림도 예전 것만 못하고.

　그리고 2000년대에 국내 한 음반사에서 두 장 모두를 다시 편집하여 CD 음반으로 내놓은 바 있다. 하지만 단코나의 그림이 원본에서 많이 잘려 나갔고, 2집은 프라고나르가 르누아르의 그림으로 바뀌어 그 맛이 덜해 아쉬움을 준 바 있다.

니콜라예바 바흐 국내 CD

　LP는 CD보다 크기가 크다. 그래서 표지에 그림을 담을 경우, CD보다는 더 좋고 풍부한 느낌을 주게 된다. 축소가 아닌 실제 크기와 같은 느낌이랄까? 나도 이 음반을 LP와 CD 모두를 가지고 있지만, 왠지 LP에 손이 더 가게 되는 것은 커다란 그림이 주는 뿌듯함이 아닐까 싶다. 단코나의 그림을 보면서 듣는 바흐의 시칠리아노는 정말로 다사롭기만 하다.

니콜라예바 바흐 2집

# 처절한 아다지오 산책

## 알비노니, 바버 그리고 말러

『아다지오』 헤르베르트 폰 카라얀

    음악의 빠르기를 나타내는 말은 영어도 독어도 아닌 이태리어다. 바로크 시대 음악의 종주국 노릇을 했기 때문이다. 'adagio'란 '편안히 쉬게 하다'라는 뜻의 이태리어 'adagiare'에서 파생된 것으로 느릿느릿하다는 느림, 조용, 평온의 의미를 지닌다. 음악에서는 빠르기를 나타내는 용어로 1분에 70회 정도의 느린 속도를 지시하는데, 그래서 느린 악장이나 전통적인 소나타의 느린 중간 악장을 말하기도 한다.

    아다지오는 바로크 시대에 시간적 여유와 음들을 어루만지며 돋보이게 작곡되는 곡이었고, 19세기에는 음악의 극적 긴장감을 위해 감정의 중심이 되며, 빠르기 이상의 의미를 갖게 된다. 즉 심연의 고통이나 괴로움 등을 표출하는 음악이 된다. 말하자면 느림의 깊이 속에서 아늑한 여유와 비애감을 느끼는, 상실과 절망의 슬픔이 아다지오 미학인 것이다. 하지만 그 느림의 여유와 위안은 삶에 또 다른 가치로 다가선다.

이런 〈아다지오〉의 명곡으로는 바로크 시대에 알비노니와 현대의 작곡가 바버를 들 수 있다. 그리고 이들 사이에 낭만파 시대의 말러가 있다. 곡은 그의 교향곡 5번의 4악장이고 또 빠르기도 아다지오보다 조금 빠른 아다지에토(adagietto)다. 하지만 따로 떼어 연주되고 또 아다지오라 해도 좋을 만한 그런 것이다.

토마소 알비노니의 〈아다지오〉는 레모 지아조토가 알비노니의 트리오 소나타 단편과 작품번호가 없는 소나타를 기초로 하여 가필과 편곡을 한 것이다. 이런 편곡의 진위는 아직도 뚜렷이 밝혀진 바 없지만, 선율이 아주 심각하고 동적인 면을 갖고 있어 호소력이 대단하다. 곡은 애수 어린 감미로운 분위기와 장중한 울림이 매력으로 바로크 음악 중 가장 아름다운 것 중 하나로 자리한다. 특히 오르간 울림으로 시작되는 곡조는 필자에게는 잊지 못할 추억으로 남아 있다. 첫 만남은 1980년대 젊은 날 명동의 한 음악감상실, 분필로 쓴 칠판의 필기체 *Albinoni adagio*란 제목과 같이 흘러나오던 그 전율적 음률은 충격에 가까웠다. 지금도 이 곡을 듣노라면 나는 비극의 주인공이 되곤 한다.

추천하는 명연주로는 20세기 황제격 지휘자 헤르베르트 폰 카라얀의 것이 독보적이다. 당시 세계를 움직이는 3대 인물로 로마 교황, 미국 대통령 그리고 베를린 필 지휘자 카라얀을 들 정도였다. 그는 두 번의 녹음을 남겼는데 구녹음 쪽이 더 진한 느낌을 준다. 음반 제목도 아예 『ADAGIO』로 특히 탐미적 감미로움의 비애에는 누구나 가슴 한구석이 짠함을 느끼지 않을 수 없다. 신녹음은 『카라얀 아다지오』란 제목의 음반인데 유함이 다소 과하다.

바버 〈아다지오〉 레너드 번스타인

　새뮤엘 바버의 〈현을 위한 아다지오〉은 원래 그의 현악 4중주 1번 2악장 '몰토(매우) 아다지오'를 지휘자 아르투로 토스카니니의 제안으로 현악합주로 편곡한 것이다. 곡은 대단히 아름다운 선율을 바탕으로 하지만, 비애적 느낌과 애절함이 감도는 비극적인 것이다. 특히 사람이 지닌 원초적인 슬픔을 통해 인간 존엄성과 연민의 정서를 전해 준다. 그래서 종종 영화에도 쓰이는데 『플래툰』이나 『엘리펀트 맨』에서 인간성 상실에 대한 자성적인 분위기를 심화시킨다. 특히 엘리펀트 맨이 죽는 장면에서는 매우 감동적인 순간을 연출한 바 있다. 곡이 주는 무언지 모를 처절함이 듣는 이를 감동의 도가니로 몰고 간다. 참고로 바버는 나중에 이 곡을 합창과 오르간을 위한 〈아뉴스 데이〉로 편곡한 바 있다.

　명연주는 카라얀과 맞수인 레너드 번스타인을 떠올리지 않을 수 없다. 그도 구녹음과 신녹음을 남기고 있는데 역시 구녹음 쪽이 좋다. 연주는 낭만성과 비장함이 비극적 분위기를 고조시키며 듣는 이를 무아지경에 빠져들게 한다. 특히 곡의 후반부 강력한 정점 후에 휴지부에서 팽팽한 긴장감을 반영이나 하듯 어느 한 주자가 현을 잘못 건드려 나는 소리가 긴장의 밀도를 높이며, 잠시 주춤하는 여백의 공허함은 참으로 대단한 경지를 펼친다. 마치 모든 사물이 멈춘 듯 슬픔을 넘어선 깊은 고적함을 드리운다. 눈물도 잊게 하는….

흥미로운 사실은 카라얀은 바버를 그리고 번스타인은 알비노니의 아다지오를 한 번도 연주나 녹음한 적이 없다. 마치 약속이나 한 듯이.

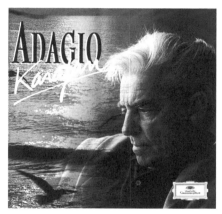

『카라얀 아다지오』

구스타프 말러의 〈아다지오〉는 실은 '아다지에토'다. 그런데 다들 느리게 아다지오로 연주한다. 꿈결을 거니는 듯한 하프 소리와 더불어 시작되는 곡은 매우 느린 진행 속에서 서정미의 극치를 보여 주어, 한 번 들으면 결코 잊지 못할 도취적 감동을 경험하게 된다. 그런데 이런 느린 빠르기에 대해 지휘자 빌렘 멩겔베르크는 말러가 부인 알마에게 보낸 사랑의 편지이기 때문에 죽어가는 슬픔을 그린 것이 아닌 사랑의 고백이라고 한다. 그래서 느린 것이 아닌 조금 빠른 아다지에토로 연주하는 것이 맞다고 한다. 말러가 직접 피아노 롤로 연주한 것도 빠른 7분대인데, 대게 지휘자들은 느리게 10분을 넘게 연주한다.

이 악장은 원래 그의 가곡 〈나는 이 세상에서 잊혀지고〉에서 비롯되는데 마치 자신은 죽은 것과 다름없다며 한탄한다. 그렇다면 아다지오로 즉 느리게 연주해서 죽음이나 인간 내면의 슬픔을 노래하는 것은 아닐까? 그래서인지 빠르게 10분 내로 연주한 것을 들어 보면 탐미적 아름다움이 많이 희석되는 것 같다.

토마스 만의 동명 소설을 원작으로 하는 『베니스에서의 죽음』이라는 영화가 있다. 근데 주인공의 이름이 구스타프 아쉔바흐다. 직업도 음악가라서 무릇 말러가 연상된다. 영화는 주인공이 사랑에 대한 미련을 버리지 못해 베니스에서 스스로 죽어간다. 이때 나오는 음악이 바로 말러의 〈아다지에토〉다. 마지막 장면을 보노라면 음악과 더불어 죽어간다는 절로 생각이 든다. 마치 죽어가는 슬픔처럼. 영화 속의 연주는 프랑코 만니노(Franco Mannino)가 지휘하는 산타 체칠리아 국립 관현악단인데 그도 역시 느리게 연주하였다.

이렇게 단독으로 연주는 되는 명연주로는 단연 카라얀을 떠올린다. 물론 교향곡 5번 녹음 중의 발췌인데 따로 『카라얀 아다지오』라는 편집 음반을 만들었고 첫 곡으로 수록한다. 이 음반은 일종의 『아다지오(알비노니)』 속편인데, 높은 판매량과 인기로 2집까지 나온다. 그의 연주는 당연히 느린데 12분으로 가장 느린 편에 속하며, 이토록 아름다운 아다지오는 들어본 적이 없을 정도의 가슴 시린 명연주가 펼쳐진다. 도취적 아름다움이 뼛속 깊이 스며들 듯. 과연 카라얀만이 보여 줄 수 있는 환상적 솜씨다. 한편 번스타인도 『낭만적 명곡집』에 바버의 것과 같이 수록하고 있다.

오늘도 나는 이런 알비노니, 바버, 말러의 아다지오를 산책하며 사무침의 논리를 느껴본다.

『낭만적 명곡집』레너드 번스타인

# 레닌그라드의 러시아 사냥꾼

## 엘가 〈님로드〉

엘가 〈님로드〉 유리 테미르카노프

　2000년 이전에는 유명 교향악단의 내한 공연이 그리 많지 않았지만, 지금은 너무 많이 온다는 생각이 들 정도로 공연이 끊이지 않는다. 그만큼 저변이 확대되었다는 것이지만 그 이면을 보면 상업적이란 생각이 들기도 한다. 그렇다면 유명 지휘자 중 내한 공연을 가장 많이 온 이는 누굴까? 하는 생각을 가져 보게 된다. 과거 거장 지휘자들은 단 한 번의 공연인 경우가 대부분이었다. 조지 셸(1970년), 번스타인(1979년), 카라얀(1984년) 등.

흔히 세계 최고의 교향악단을 들라고 하면 베를린 필하모닉이나 빈 필하모닉 그리고 로열 콘서트헤보우, 런던 심포니, 뉴욕 필하모닉 등을 손꼽는다. 여기 빠질 수 없는 것이 러시아 최고 교향악단인 레닌그라드 필하모닉이다. 현재는 상트 페테르부르크 필하모닉으로 바뀌었다.

1990년 동서화합 분위기 속에 레닌그라드 필하모닉의 최초 내한 공연이 세종문화회관에서 있게 된다. 지휘는 악단을 무려 49년간 이끌던 예프게니 므라빈스키가 1988년 타계하여 그 뒤를 이은 유리 테미르카노프가 하게 된다.

나는 둘째 날 공연을 보러 갔다. 연주곡은 차이코프스키 〈비창〉과 라흐마니노프 협주곡 2번이다. 특히 비창은 이들의 단골 곡인데 초연을 담당했고 최고의 명연 역시 므라빈스키의 것이기 때문이다. 좌석은 3층 끝이었다. 연주는 소리부터 달랐다. 특히 클라리넷 소리가 마치 주자로부터 날라와 내 귀에 꽂히는 낭랑한 것이었고, 혼의 호쾌함, 팀파니의 강타 등가히 충격적이었다. 세종문화회관의 소리가 좋음을 다시금 알게 된 소중한 경험이었다.

1978년 세종문화회관 개관기념 때 유진 오먼디의 필라델피아 오케스트라 공연이 있었는데 유명한 일화가 있다. 오먼디는 거의 4천 석에 달하는 홀의 규모에 놀랐는데 3층 끝까지 소리가 들리지 않을 것이라고 난색을 표명했다고 한다. 관계자는 오먼디에게 직접 3층 객석에서 소리를 들어보라 권했고, 오먼디는 직접 듣고는 만족하여 연주를 진행했다고 한다. 결국 세계적 거장에 의해 음향이 좋다는 검증을 받은 셈이다. 이에 오먼디는 1981년 다시 내한하였고 그 이유를 소리가 좋은 세종문화회관이 있었기 때문이라고 기자 회견서 밝힌다.

또 다른 일화는 애국가 연주다. 당시 공연을 할 때 제일 먼저 연주되는 것은 애국가와 그 나라의 국가였다. 그래서 악보를 오먼디에게 전달했지만 거들떠보지도 않아 관계자를 당황케 했다. 결국 연습의 맨 마지막에 딱 한 번 하더라는 것이다. 그리고 실제 연주가 이루어졌는데 기가 막히게 훌륭한 연주였다. 이에 이를 몰래 녹음하여 TV 시작과 끝에 한동안 사용하였다는 것이다. 믿거나 말거나.

또한 1984년에는 지휘계의 제왕인 카라얀이 이끄는 베를린 필하모닉의 최초 내한 공연이 있었고 나는 3층에서 관람했다. 소리는? 아무런 문제가 없었다. 큰 소리는 아니었지만 카라얀의 필치를 느끼기에 전혀 부족함이 없었다. 카라얀 자신도 세종문화회관의 연주가 흡족하여 다시 오겠다는 말까지 남긴다. 하지만 그는 이를 지키지 못하고 1989년 타계한다. 카라얀 역시 세종문화회관에 만족했다.

세종문화회관은 음향이 좋지 않다는 말이 많다. 잔향이 부족하여 소리가 작다는 것이다. 그러나 한편에서는 그냥 지은 것치고는 생각보다 좋다는 평도 있어 소가 뒷걸음치다 쥐 잡은 격이란 것이다. 그러면 정말 소리가 작고 답답할까? 레닌그라드 필, 필라델피아, 베를린 필과 같은 정상급 악단에게는 오히려 장점이 된다. 소리가 크다는 것과 울림이 좋다는 것은 다른 문제다. 소리가 작아도 울림이 좋으면 먼 곳까지 소리를 전달하는 데는 문제가 없고 거장 지휘자들은 이런 것을 만들 줄 안다. 그러기에 오먼디는 소리에 만족하여 재공연을 왔던 것이다. 그것도 무려 세 차례 공연 일정으로. 하지만 소리의 울림이 빈약한 악단에게는 최악의 홀이 되고만다.

1988년 문을 연 예술의 전당은 초기에 목욕탕과 같은 소리가 문제였다. 이에 객석 통로에 카펫을 까는 궁여지책을 마련했다. 하지만 진짜 문제는 그것이 아니었다. 원래 내장재는 목재였는데 무슨 이유인지는 몰라도 콘

크리트 마감에 나무 무늬 시트지로 하게 된다. 말하자면 엽기다. 하지만 아는 이는 드물다. 나중에 보수 공사는 들뜬 시트지를 재시공하는 공사였다. 실제로 벽면을 살펴보면 알 수 있다. 그래서 지금도 예술의 전당 소리는 좋지 않으며 최악이다. 이를 설계한 유명 건축가마저도 나의 작품이 아니라고 했다 한다. 난 예술의 마트라 부른다.

테미르카노프 지휘 레닌그라드 필하모닉의 〈비창〉은 내가 들은 세종문화회관 최고의 소리로 남아 있다. 벙벙 울리는 목욕탕 소리보다는 섬세하게 울리는 적막한 음향이 좋은 소리이다. 세종문화회관의 소리가 나쁘다는 것은 오먼디가 막 귀라고 하는 것이나 다름없다.

테미르카노프는 이후에도 다섯 번이나 내한, 무려 여섯 번(마주어 대역 포함)의 기록을 남기게 된다. 사이먼 래틀과 베를린 필의 다섯 번 기록을 능가하며, 더 놀라운 것은 2018년 일곱 번째 내한 예정이었지만 취소된 바 있다. 그의 기록은 1990년을 필두로 하여 2003, 2006, 2008, 2011, 2014년에 이른다. 그런데 잘 모른다. 왜냐? 소위 베를린 필에 비하면 레닌그라드 필의 유명세는 아쉽게도 낮은 편이다. 하지만 유명세와 실세는 다르다, 테미르카노프는 므라빈스키의 뒤를 이어 악단을 무려 34년간이나 이끈 명장이었다. 16년 만에 물러난 래틀과는 다르다. 다만 해석에 있어서 개성적인 면이 있어 대중성이 떨어질 뿐이다.

그는 지휘봉을 사용하지 않는다. 같은 러시아 지휘자 발레리 게르기예프도 맨손이었지만 나중에는 이쑤시개로 지휘하는 기행을 선보였는데 괴상한 쇼 같아 보기에 좋지 않았다. 또한 테미르카노프는 오랜 상임 지휘자 활동에 대해서 대통령 옐친이나 푸틴과는 친하지 않다고 밝힌 바 있다. 게르기예프는 푸틴을 지지했고.

2008년 레닌그라드 필 공연은 같이 내한한 베를린 필에 비해 가격이 3

분의 1 수준으로 샀다. 값이 질을 결정하지는 않기에 나는 베를린이 아닌 레닌그라드를 선택했다. 공연장은 예술의 전당이라 다시 가고 싶지 않았지만, 테미르카노프와의 재회라 마음을 바꾸었다. 곡은 또 〈비창〉이었지만 나에게 가장 감동적인 곡은 앙코르로 연주된 〈님로드〉였다. 무거운 교향곡으로 가라앉은 공연장에 긴장감을 더해 마치 시간이 멈춘 듯한 감동의 순간을 연출했다. 특히 현악부의 일치된 연주가 베를린 필을 압도하는 것이어서, 나도 모르게 '세계 최고다'라는 탄성을 올리고 말았다.

그렇다면 왜 엘가의 〈수수께끼 변주곡〉 중 '님로드'를 들려준 것일까? 곡의 선율이 아름답기도 했지만 마치 자신을 상징하는 의미가 아니었는가 하는 생각이다. 님로드(Nimrod)는 아홉 번째 변주로 엘가 친구인 아우구스트 예거를 칭한다. 그는 독일인이었는데 독일어 'Jäger'가 사냥꾼을 의미하여 구약 창세기에 나오는 니므롯을 생각해낸 것이다. 그는 출판업자로 사냥꾼 같은 인물은 아니었고 조용한 그리고 지적이고 고결한 사람으로 엘가에게 인간적으로 많은 도움을 주었다. 특히 그가 조언 중에 불러 준 노래가 베토벤 〈비창〉 2악장 아다지오로 곡에 영감을 제공했다고 한다.

나는 님로드를 들으며 테미르카노프의 인간적 숨결을 접했고 그의 따스한 인품을 생각했다. 이에 음반을 찾아보았지만 녹음이 없음을 알고는 실망하게 된다. 결국 녹음하기를 기다리는 수밖에 없었는데, 세월이 흘러 2023년 신보 소식이 아닌 그의 부음을 접하게 된다. 다시 님로드가 떠올랐고 그 아쉬운 마음을 가눌 길이 없었다. 그런데 1992년 영국의 프롬스(BBC Proms)에서 연주한 DVD가 있는 것이 아닌가! 그것도 전곡이 아니라 앙코르 실황으로. 나는 다시금 님로드를 접하곤 2008년 감동의 순간이 떠올라 온몸에 전율을 느꼈다. 더불어 님로드 같은 테미르카노프를 생각하며 아름다운 먼 추억에 잠긴다.

2014년 나이가 든 테미르카노프의 프랑스 안시 클래식 축제 중 전곡 실황 영상이 있지만, 프롬스 앙코르의 님로드를 능가하지는 못한다. 전곡이 아닌 님로드 한 곡만을 놓고 본다면 테미르카노프가 최고라 단언한다. 왜냐하면 풍부한 울림의 감흥과 아름다운 선율을 비단결처럼 황홀하게 들려주는 이는 다시 없기 때문이다. 인간적 고결한 감격을 떠올리며.

참고로 전곡 연주로는 아르투로 토스카니니가 추천할 만하고, 레너드 번스타인이 1982년 지휘한 BBC 심포니 연주도 좋다. 특히 번스타인의 님로드 연주는 가장 느린 것인데 긴장감을 잃지 않은 여운이 긴 명연을 들려준다. 더군다나 따로 진행된 실황(DVD) 연주는 더욱 진한 맛을 전한다.

엘가 〈수수께끼 변주곡〉 레너드 번스타인

# 집시의 음악을 슬쩍~

브람스 〈헝가리 춤곡〉

클라우디오 아바도

    독일의 작곡가 브람스 작품 중에는 〈헝가리 춤곡〉이라는 작품이 있다. 독일 사람인데 헝가리 춤곡이라 의문을 가지지 않을 수 없다.

    브람스는 젊은 시절 피아니스트로 활동하였는데, 열일곱 살 때 헝가리 출신의 레메니(Eduard Reményi)라는 바이올리니스트를 알게 된다. 그리고 1852년 함부르크로 온 레메니의 연주에 매료되어 친분을 맺게 되고 같이 연주 여행을 떠나게 된다. 당시 브람스는 열아홉이었다. 레메니는 브람스에게 요아힘(Joseph Joachim)을 소개해 주는데, 요아힘을 위해 만든 곡이 유명한 브람스 바이올린 협주곡이다.

    레메니나 요하임 모두 헝가리 출신으로 헝가리에는 유명 현악 주자들이 많은 곳이었고, 또 집시 음악이나 바이올리니스트들의 활발한 활동을 펼치고 있었다. 그래서 레메니는 브람스에게 집시 음악을 알려주게 되고 즉흥적인 앙코르곡으로도 자주 연주하게 된다.

이렇게 처음 접하게 된 집시 음악에서 브람스에게 강렬한 인상을 받게 되고 이를 잊지 않고 채보하여 정리하기 시작한다. 그리고 서른여섯 살 때인 1869년 〈헝가리 춤곡〉 제1집 다섯 곡, 제2집 다섯 곡의 열 곡을 독일의 짐록 출판사에서 출판하게 된다. 곡은 피아노 연탄용이었는데 당시 유행과 맞물려 큰 성공을 거둔다. 한 번은 헝가리 출판사에서 출판 제의가 있었는데 브람스는 거절했다고 한다. 하지만 그는 나중에 '집을 네 채나 살 수 있었는데…' 하면서 후회했다는 일화가 전해질 정도로 곡의 인기는 대단했다.

하지만 이런 성공을 질투한 이가 있었으니 바로 헝가리 춤곡을 알려 준 레메니다. 혹시 브람스가 레메니에게 고맙다고 밥조차 사지 않았던 것일까? 레메니와 헝가리 음악가들은 출판사를 상대로 저작권 침해 소송을 걸었다. 하지만 브람스는 작곡이라 하지 않고 편곡이라고 했고 또 작품번호(Op.)도 붙이지 않는데, 이에 곡의 원저작자가 분명하지 않다는 이유 등으로 재판에서 브람스 측의 손을 들어주게 된다. 이에 힘을 얻은 브람스는 1880년 다시 제3, 4집 열한 곡을 출판하게 된다. 특히 3, 4집에서는 전에 있었던 재판을 의식해 자신의 창작곡 세 곡을 포함시킨다. 이렇게 해서 브람스의 〈헝가리 춤곡〉 전 스물한 곡이 탄생한 것이다.

원곡은 피아노 연탄이고 브람스는 10번까지를 피아노 독주용으로 편곡했고 1, 3, 10번은 관현악곡으로 편곡한다. 그래서 나머지 곡들은 드보르작이나 팔로우, 슈메링 등이 관현악 편곡을 담당했다. 이 중 드보르작은 헝가리 춤곡을 본뜬 〈슬라브 춤곡〉을 작곡하게 된다.

헝가리 춤곡은 전곡 중 특히 5번이 가장 인기가 높은데, 열정적 몸부림과 같은 집시의 춤이 선연하게 펼쳐진다. 또한 6번도 관능적인 집시풍의 선율이 넘친다. 음악회 단골 앙코르곡이다.

곡의 명칭은 헝가리 춤곡이나 실제로는 집시 춤곡이 맞다. 원래 집시는 유럽에서 그리 좋은 대접을 받지 못했다. 그러나 영국이나 오스트리아는 이들에 대해 관대했고 특히 오스트리아에서는 '집시(지고이네)'라는 명칭 대신 '신농민', '신형가리인'으로 부르게 된다. 또한 바르토크나 코다이가 채집한 헝가리 춤곡은 실은 마자르족 본연의 음악이다. 하지만 집시 음악과 마자르 음악이 서로 영향을 받아 이들의 구별이 모호하게 되어 모두를 헝가리 춤곡이라 칭한다.

그리고 보통 '피아노 연탄'은 영어로 '4 hands'로 표기하는데 이렇게 되면 피아노 한 대에 두 명이 치는지, 아니면 피아노 두 대에 두 명이 치는지 알 수 없다. 그래서 '피아노 연탄(連彈)'은 한 대 피아노에 두 명이, 그리고 '피아노 듀오(이중주)'는 두 대 피아노에 두 명이 각각 연주하는 것으로 구별한다.

브람스는 종종 까페에서 집시들의 연주를 접하곤 했다. 집시들은 연주가 끝나고 사람들 사이를 돌며 모자에 돈을 받고 있었다. 그런데 브람스는 돈을 내지 않았다. 이를 괘씸하게 본 다른 이들이 집시들에게 물었다. "저 사람은 누군데 돈을 내지 않으냐?"고 그러자 집시 연주자가 말했다. "저 사람은 우리와 동업자요!"

이런 브람스의 헝가리 춤곡을 두고 브람스 반대파의 바그너는 "나는 가면극 음악회에 가면 만날 수 있는 유명 작곡가를 알고 있다. 어느 날은 발라드 가수로, 다음 날은 헨델의 할렐루야 가발을 쓰고, 또 다른 날은 유태인 차르다시 연주가로, 그리고 다시 10번 교향곡 작곡가로 변신한다."라고 비꼰 바 있다.

〈헝가리 춤곡〉의 피아노 연탄의 연주로는 콘타르스키 형제와 듀오 크로멜링크의 연주가 좋다. 참고로 듀오 크로멜링크는 의문의 동반 자살로 생을 마감한 부부 듀오였다. 그리고 관현악 전곡 연주는 생각보다 녹음이 많지 않은데, 사실 〈헝가리 춤곡〉은 현재의 관점에서 본다면 클래식이 아닌 대중음악으로 봐야 한다. 정확히 말하면 집시의 민속음악이다.

　그래서 유명 지휘자에 의한 전곡 연주가 드문 편이고, 헝가리 출신 지휘자 도라티도 전곡이 아니며 카라얀도 달랑 여덟 곡만을 연주했다. 그래서 전곡 연주 음반 수는 불과 10여 종에 지나지 않는다. 그리고 진짜 집시 연주를 듣고자 한다면 바이올리니스트 로비 라카토쉬(Roby Lakatos) 연주를 권한다. 그는 유명한 집시 바이올리니스트인 야노스 비하리의 7대 손으로 브람스 헝가리 춤곡은 비하리에게 빌린 것이라고 한다. 브뤼셀의 한 클럽에서 일하는 그의 헝가리 춤곡 바이올린 연주를 듣노라면 당시 브람스의 심경을 능히 짐작게 된다.

브람스 〈헝가리 춤곡〉 5, 6번 로비 라카토쉬

전곡 연주로는 본고장의 연주가 제격인데, 이반 피셔가 이끄는 부다페스트 축제 관현악단의 연주가 춤곡의 묘미를 절묘하게 살려 낸 것이라 단연 최고다. 또한 이반 보가르의 부다페스트 심포니의 연주도 추천할 만하다. 그리고 클라우디오 아바도의 연주도 종종 거론되는 것인데 짐시답지 않은 개성적인 것으로 남아 있다. 특히 답답한 음색과 꽉 막힌 듯한 리듬으로 의문을 자아내는데, 원래 아바도의 특성인지 의도된 것인지 아리송하다. 하지만 비헝가리계 지휘자와 빈 필하모닉과의 전곡 연주라서 많은 화제와 인기를 누린 바 있다.

이반 피셔

　여담이지만 아바도가 아주 오래전 1973년 빈 필하모닉을 이끌고 내한한 적이 있다. 당시 시민회관이 불타 이대 강당에서 연주하였는데, 회고에 의하면 비포장도로를 통해 도착한 홀은 연주 도중 신촌역으로 가는 기차 소리가 들리는 등 최악의 조건이었다고 한다. 그의 연주 또한 시원치 않았고. 1989년 아바도는 카라얀의 뒤를 이어 베를린 필하모닉의 지휘자로 당당히 등극한다. 그래서 일본 공연 당시 국내 기자가 이제 베를린 필하모닉을 이끌고 다시 한국에 공연을 오지 않지 않겠느냐는 질문에 거절의 뜻을 보인다. 과거 공연에 대한 안 좋은 추억 때문이었을 것이다. 결국 그와 베를린 필은 한 번도 한국을 다녀가지 않았고, 덕분에 우리는 베를린 필을 오랫동안 만나지 못하게 된다.

1990년대 국내에서 피아니스트 폴리니의 인기는 최고였다. 심지어는 자신의 자동차 뒷유리에 "Maurizio Pollini"를 붙이고 다닌 이도 있었다. 하지만 폴리니는 내한 공연을 오지 않았다. 그래서 말들이 많았다. 심지어는 공산당이라서 안 온다는 소문까지 있었다. 혹시 그는 동향인 아바도에게 물어보지 않았을까 한국에 갔던 인상을? 어찌 되었든 폴리니는 오지 않았고 여든이 넘은 2022년 다 늘어서 한국 공연이 예정되었지만 이마저도 두 번 연속 건강상의 이유로 무산되고 결국 그는 24년 타계한다.

# 망각 속으로의 욕망

## 피아졸라 〈오블리비언〉

『피아졸라 오마주』 기돈 크레머

    2007년 세계 최고가 오디오 전시장에서 클래식 음악 강좌를 개설한 적이 있었다. 우연한 기회로 전시장 시청실을 빌리게 된 것이다. 너무도 좋은 장소를 얻게 된 셈이었는데, 특히 웬만한 아파트 한 채 값(10억)에 달하는 스위스제 오디오로 마음껏 시청할 수 있다는 사실만으로도 행운이나 다름없었다. 이런 강좌의 호응이 무척 좋았고 일간 신문에 소개될 정도였다. 하긴 강남의 최고급 동네에서 그것도 세계에서 가장 비싸다고 하는 오디오였으니. 이에 나는 어리석게도 우쭐함을 가지기도 했다.

    그렇게 강좌는 큰 호응 속에서 순조롭게 출발하였다. 하지만 강좌를 연 문화센터 강좌에는 다른 것도 있었다. 그 강좌 장소의 오디오는 내 강좌 것의 10분의 1 수준이었지만 수강료는 세 배나 비싼 것이었다. 당황 아니

황당했다.

이런 안 좋은 심경 속에서 나는 머리도 식힐 겸 서울 근교의 쌀롱 음악회에 참석하였다. 평소 알고 지낸 신동헌 선생이 해설하는 것이었는데, 특히 그곳은 바로 옆에 강물이 잔잔히 흐르고 보름달이 뜨면 달빛에 어른거리는 풍광이 일품이었다. 마치 베토벤의 〈월광〉 소나타를 두고 시인 렐슈타프가 '스위스 루체른 호수의 달빛 어린 물결에 흔들리는 조각배와도 같다'고 한 말이 연상되는….

그날의 연주곡은 바이올린 곡이었는데 자세한 것은 생각이 나질 않았다. 그 좋은 음악을 들으면서도 화를 삭이지 못해 식식거렸으니. 하지만 앙코르곡으로 탱고인 〈망각(Oblivion)〉이 연주되는데 마치 '헉' 하고 얻어맞은 듯 뇌리가 움찔했다. 제목처럼 모든 것을 잊고 싶노라는 것인데, 마치 내가 겪은 언짢은 일들을 일순간 선율에 묻혀 흘려보내는 음악이었기 때문이다. 그 감미로움에 몸을 맡겨 도피처로서의 괴로움을 잊고 싶은 충동이 환상처럼 밀려왔다. 정말 모든 것을 그저 망각의 늪에 푹 담고 싶은 심정이었다. 서정적이고 동시에 격정적이고 때론 비장한 기운까지 감도는 상반되는 선율 속에는 삶의 고뇌와 그것을 잊고자 하는 환멸과 타락이 아름다움 속에 녹아들었다. 그날 이후 나를 위로해 주던 피아졸라의 망각은 애청곡이 되었고, 지금도 삶에 환멸감이 밀려올 때면 종종 즐겨 들곤 한다.

한편 강좌는 계속 이어졌는데 같이 시작한 강좌가 인원 미달로 폐강되었다는 소식을 듣게 된다. 망각인가? 그런데 그게 다가 아니었다. 이번에는 또 다른 곳에서 강좌가 두 개씩이나 생겼는데, 하나는 유명 교수님이 진행하는 고급스러운 장소에서였고, 다른 하나는 왕년의 아나운서가 운영하는 감상실에서였다. 하지만 이것들도 인원 미달로 폐강되었다는 소식을 듣게 된다.

하지만 경쟁은 또다시 시작되었고 이번에는 정식 아카데미가 그 상대였는데, 내 강의는 오디오 전시장이 이전하여 폐강되는 신세가 된다. 그렇게 나는 강의를 접었다. 인간사 새옹지마라고 하지 않았던가? 돈의 위력과 유혹이 흥건한 부자 동네에서 강의는 참 신나는 것이었는데. 나중에 들었는데 내 강좌와 같이 개설했다 폐강된 곳에서 아예 그 스위스제 오디오를 들여놓고 강좌를 또 시작했다고 한다.

이렇게 세상 속에서 사람들과 본의 아니게 부딪친다는 것이 얼마나 피곤하고 무모한 또 부질없는 짓인가를 잘 알고 있다. 하지만 그것을 슬기롭게 극복할 지혜가 부족하다는 게 문제다. 이럴 때마다 피아졸라 〈망각〉의 도취적이고 조금은 퇴폐적인 음률의 늪에다 상념을 푹 던져 넣고 싶다. 더 재미있는 것은 나이가 들자 의도치 않아도 저절로 깊디깊은 망각 속에 묻힌다는 것이다. 망각의 법칙에 따라.

나는 이런 강의를 지금까지 24년째 하고 있다. 다만 코로나 사태로 인해 중단된 적이 있는데, 코로나를 조작된 음모로 생각해 아나키스트처럼 모든 것을 거부했기 때문이다. 덕분에 나는 강좌 모두가 폐강되는 대가를 치렀지만 후회는 없다. 지금은 다른 곳에서 이어가고 있으니. 이런 우스갯소리가 있다. 흑사병이 창궐하던 시절 흑사병 균이 어느 마을에 도착하니 마을 대표가 그에게 부탁한다. 저희 마을 사람들은 착하니 50명만 죽여달라고. 그렇게 하겠다고 했고 균이 마을을 다녀갔는데 100명이나 죽었다고 한다. 균은 약속대로 50명만 죽였는데 나머지는 겁에 질려서 죽었다고 한다.

탱고(스페인어 땅고)는 1880년대 라틴 아메리카의 오래된 춤곡으로 째

즈와 마찬가지로 도덕에 반하는 범죄, 마약, 매춘과 관련이 있다. 탱고란 말은 원래 스페인어 'baile con corte' 즉 멈추지 않은 춤이란 뜻으로 후에 '탱고(tango)'로 바뀌는데, 이 말은 '만지다, 가까이 서다'란 라틴어 'tangera'와 연관 있다고 하며, 한편에서는 드럼을 뜻하는 아프리카 노예어 'tango'로 추정하기도 한다.

이런 탱고는 원래 19세기 말 아르헨티나로 이주해 온 흑인 노예들의 민속음악과 남미의 토착음악과의 결합으로 생성되었으며, 부에노스아이레스의 거리, 주점 혹은 사창가에서 그 명맥을 유지하며 20세기에 유럽에 소개되며 더욱 친숙한 춤곡으로 자리한다. 기본 편성은 피아노, 바이올린, 반도네온인데 중심이 되는 반도네온은 깊은 음색과 날카로운 스타카토(음을 뚜렷이 분리하여 연주)가 가능한 풍성한 음량을 자랑하는 아코디언의 일종이다.

아스토르 피아졸라는 뉴욕의 뒷골목 출신으로 젊은 날 주먹을 쓰던 사람이었다. 그런 이들 중에는 로키 마르시아노라는 헤비급 세계 챔피언 권투 선수도 있었다. 하지만 친구들 대부분이 생의 마지막을 앨커트래즈나 뉴욕의 싱싱 감옥에서 보내야만 했던 것을 지켜본 그는 주먹이 아닌 반도네온을 선택했고 인생이 바뀌게 된다. 마치 영화 속 주인공처럼 예술이 인생을 구원한 것이다.

반도네온으로 음악을 배운 그는 바흐를 연주했으며 당시 아르헨티나에 머물던 피아니스트 루빈스타인의 권유로 히나스테라에게 배우게 되고, 후에 프랑스로 가서 나디아 블랑제에게 정식 클래식을 배운다. 반도네온의 거장이자 탱고의 황제가 된 그는 뒷골목의 음악인 탱고를 대중화시켰는데 '누에보 탱고(Nuevo Tango, New Tango)'를 창시하여 전통주의자들의 노여움을 샀지만, 세계화 내지 클래식화 하는 데 큰 공헌을 한다. 물론 이런 탱고를 정통 클래식의 범주에 넣어야 할지는 논란이 있지만, 그의 음악에는 사람의 마음을 흔드는 마력이 있다.

대표작으로는 세계적인 반향을 일으킨 〈다섯 개의 탱고 센세이션〉을 비롯하여 〈망각〉, 〈반도네온 협주곡〉, 〈부에노스아이레스의 사계(四季)〉, 〈탱고의 역사〉 등 무려 750여 편에 이른다.

그는 10대 젊은 시절 유명한 가수 카를로스 가르델 영화에 단역으로 출연하였는데 그의 눈에 들게 되고 같이 연주 여행을 하자는 제안을 받기에 이른다. 하지만 아버지의 반대로 실현되지 못했는데, 가르델은 이 연주 여행 도중 비행기 추락 사고로 생을 마감한다. 피아졸라는 이를 피해 갔다.

우리는 흔히 탱고 하면 영화 『여인의 향기』와 『트루 라이즈』에 나온 춤곡 탱고를 떠올리곤 한다. 그 곡은 카를로스 가르델이 만들고 부른 〈포르 우나 까베사(Por Una Cabeza)〉로 춤곡이기보다는 구슬픔이 감도는 노래이다. 아마 태생적으로 서민의 애환이나 그것을 잊고자 하는 삶의 환멸과 타락이 아름답게 녹아들었기 때문이다. '포르 우나 까베사'는 목 하나의 차이라는 경마 용어인데 사소한 차이를 말한다. 이런 주제는 모차르트의 론도 K.373에서도 들을 수 있다. 피아졸라가 젊은 날 가르델의 비행기 사고를 피해 갔는데 말 그대로 포르 우나 까베사였다. 훗날 그는 회상한다. 같이 비행기에 탔더라면 나는 반도네온이 아닌 하프를 연주했을 것이라고….

한편 〈망각〉은 〈포르 우나 까베사〉와 같이 우수 어린 선율과 동시에 격정적이고 비장한 기운이 감도는데, 삶에 대한 애환과 열정을 노래한다. 삶의 만고를 잊고자 하는 망각처럼. 피아졸라는 "나의 탱고는 발보다는 귀를 위한 것"이라 말했듯이 기쁨과 슬픔이라는 극단적 감정을 놀랍게 조화시킨다.

〈망각〉의 연주는 다양한 편곡이 있지만, 바이올린, 피아노, 더블베이스,

반도네온으로 이루어진 유명 바이올리니스트 기돈 크레머의 연주가 제일 좋다. 음반 제목인『피아졸라 오마주』에서 알 수 있듯이 클래식 연주가인 크레머의 피아졸라에 대한 애정과 관심이 듬뿍 담긴 최고 기량을 접할 수 있다. 특히 바이올린이 환멸에 빠진 도취감을 절묘하게 살려낸다. 한편 피아졸라 자신이 반도네온을 연주한 것도 있는데 흐느끼는 애절함이 단연 압권이다.

『베스트 오브 피아졸라』

# 바이올린이 울다

## 바흐 〈G선상의 아리아〉

미샤 엘만 소품집

음악이 얼마나 위대한지에 대하여 체험한 이야기를 어떤 젊은이에게서 들은 일이 있다. 그는 1·4 후퇴 때 남쪽으로 내려가는 피난 열차에 몸을 실었는데, 시간표도 정원도 없는 이 화물차는 수라장을 이루고 있었다. 음악을 좋아하던 그는, 서울을 떠날 때 포오터블(portable) 축음기와 애청하는 레코오드 몇 장만을 옷과 함께 륙색(rucksack)에 꾸려 넣고 이 피난 열차에 올랐었다. 제대로 달리지 못하던 차가 덜커덩하고 또 섰다. 사람들은 다시 웅성거리기 시작했다. 매서운 겨울 바람이 부는 허허벌판에서 몇 시간을 또 지체할는지 모른다. 이때, 그 젊은이는 축음기와 레코오드를 꺼냈다. 그는 축음기에 레코오드를 얹고 바늘을 올려놓았다. 요한 세바스티안 바하 작곡인 '지이 선상의 아리아'였다. 고아하고도 명상적인 바이올린의 멜로디는 눈 온 뒤의 정결한 공간에 울려 퍼졌다. 아니, 맑은 공간이 고스란히 공명(共鳴)함이 된 듯, 축음기의 가냘픈 소리가 한결 또렷하게 들렸다.

　모든 사람은 오늘의 괴로움을 잊고 경건한 마음으로 스스로를 다스려 가고, 하늘과 땅도 숨을 죽이고, 이 명곡에 귀를 기울이는 것 같았다. 조금 전까지만 해도 떠들썩하던 화차 안이 조용히 가라앉아 버린 것이 아닌가! 지식도, 생활도, 성격도 각양각색인 사람들이 한결같은 감동에 입을 다물어 버린 것이다. '지이~선상의 아리아' 가 여운을 남기고 끝났을 때, 서양 음악이라고는 전혀 모를 것 같은 한 노인이 부드러운 목소리로 그 곡을 한 번 더 들려 달라고 했다.

　…… 중략

　음악은 자연에 대한 인간의 도전이요, 신(神)만이 울릴 수 있었던 영혼의 종을 인간의 힘으로 울려 줄 수 있는 승리의 길잡이다. … 우리는 인간이기에 가끔 보람 있는 인생의 길을 모색하는 명상의 시간을 가지게 된다. 이럴 때 그릇된 음악이 우리 심신을 좀먹어 들어가고 있다는 것을 깨닫고, 인생의 의미와 삶을 제시하는 건전한 음악에 귀 기울이는 마음의 여유를 되찾아야 할 것이다. 인생의 성공자란 마음의 여유를 가진 사람을 말하는 것이 아니겠는가?


이 글은 음악평론가 박용구 선생(1914~2016)이 쓴 '음악과 인생'이라는 수필 일부이고, 글 속의 젊은이는 성악가 이인영(1929~2019)이다.

　그렇다면 사람들을 감동시킨 〈G선상의 아리아〉는 무슨 곡일까? 원곡은 바흐가 남긴 관현악 모음곡 중 제3번의 두 번째 곡인 'air'이다. 에르는 불어로 이태리어와 영어의 aria에 해당된다. 아리아는 그리스어의 aero(공기)에서 유래하며 선율이나 노래를 뜻하며 16~17세기 단순한 형식의 가곡이나 기악곡을 말한다.

　원곡은 통주저음과 현악으로만 연주되는데 제1 바이올린이 연주하는 아름다운 선율이 유명하다. 음악학자 서스턴 다트는 '이 곡은 쾨텐을 방문한 어느 지체 높은 귀부인이 입장할 때 연주할 목적으로 작곡된 것이 아닐까'라는 황홀한 얘기를 남긴 바 있다.

칼 뮌힝거

　이런 뛰어난 곡상은 영화에도 쓰인 바 있는데『쎄븐(Seven)』에서 도서관을 거니는 장면에 낮게 깔리듯이 유연하게 흐른다. 잔혹한 범죄 영화에서 느닷없이 등장한 〈G선상의 아리아〉는 마치 폭풍 속의 고요와 같은 평온의 찰나를 보여 준다. 참으로 인상 깊은 명장면이 아닐 수 없다. 참고로 연주는 칼 뮌힝거 지휘의 관현악 연주다.

　이런 훌륭한 곡상이라 독일의 파가니니라 불리던 유명 바이올리니스트 아우구스트 빌헬미(August Wilhelmj)는 이 곡을 1871년 바이올린의 가장 굵은 선인 G선만으로 연주하게끔 편곡한다. 이에 〈G선상의 아리아(auf der G-Saite)〉라 부르게 된 것이다.

편곡은 원래 조성인 D장조를 C장조로 바꾸었고, 바이올린은 한 음 낮아져 네(G D A E) 선 중 가장 굵은 G선으로만 전체를 연주한다. 그리고 반주는 현악, 피아노, 오르간이다. 이런 편곡은 곡을 바로크적인 것이 아닌 낭만적인 것으로 만들었고 저음이 강조되어 더욱 진지하고 깊은 감성을 전한다.

하지만 한편에서는 원곡을 훼손했다는 비난이 있는데, 바로크 음악인 바흐가 낭만적으로 들린다는 것이다. 나는 생각한다, 모든 음악은 낭만적이라고. 요아힘은 '바흐 작품의 뻔뻔스러운 위조'라고 했고, 영국의 저명한 음악학자 토베이(Donald Tovey) 역시 맹렬히 비난했다. 아마도 경쟁자인 요아힘의 배가 아픈 시기가 아니었나 싶다.

또한 원곡과는 느낌이 많이 다른 것은 편곡에 그 원인이 있는데, 말하자면 '바흐의 에어 주제에 의한 변주곡' 정도가 아닐까 싶다. 결국 원곡이 바흐적이라면 편곡은 빌헬미적인데, 서로가 느낌은 다르지만 모두 듣기에 좋다. 이런 편곡은 널리 퍼져 나갔고 이제는 유명한 제목으로 굳어져 많은 이들에 의해 사랑받고 있다. 참고로 사라사테도 이 곡을 편곡하였고, 바이올린 현의 고역과 저역을 대비시킨 것이지만 널리 알려지지 않는다.

수필에서 나오지 않지만 누구의 연주였을까 하는 궁금증이 생긴다. 축음기였기에 SP 녹음인데, 크라이슬러, 티보, 짐발리스트, 베치, 프리쉬호다, 얀 쿠벨릭, 후베르만, 후바이, 프란체스카티 등이 떠오른다. 모두 빌헬미 편곡이다. 이런 연주 중에서 뭐니 뭐니 해도 단연 돋보이는 명연은 미샤 엘만(Mischa Elman)이다.

그의 녹음은 모두 다섯 가지 정도가 알려져 있는데 1919년, 28년, 29년, 48년, 56년이 그것이다. 이 중 일본에서 SP를 복각한 1928년 연주 CD(opus kura)가 압권이다. 특히 G선만의 풍부한 울림의 엘만톤 그리고 두툼한 음색은 황홀하고도 깊은 정감을 전한다. 관능적이라기보다는 따뜻하다는 인상인데, 그 밑바탕에는 아름다운 음악에 대한 소박한 애정과 그 아름다운 음악을 사람들과 공유하는 기쁨이 있다. 아마 이런 연주가 전쟁의 피난 길 기차 속 사람들의 심금을 울리지 않았을까? 음악이 주는 위대함을 깨닫게 해 주는 연주이며, 아직도 나는 엘만보다 감동적인 연주를 들어 본 적이 없다.

최근의 바이올리니스트들도 이 곡을 자주 연주하는데, 빌헬미 편곡인 경우는 드물다. G선만의 연주는 특히 왼손이 어렵기에 원래 D장조 원곡을 피아노 반주로 된 것으로 연주하곤 한다. 이런 것들은 첫 음부터 G선에서의 소리가 아니기에 느낌이 다른데 가볍게 들린다. 그래서 빌헬미 편곡을 꼭 권하고 싶다.

더 특이한 경우는 C장조 G선의 연주이면서 편의를 위해 슬쩍 다른 현을 사용하는 편법도 있는데, 정경화의 『추억』이라는 음반 속 빈트슈페르거(Lothar Windsperger)의 소위 '쉬운 편곡'이 그 예다. 더불어 연주도 그리 좋지 못하다.

엘만 연주 음반에는 슈베르트 〈아베 마리아〉 연주도 같이 수록되어 있는데, 이 역시 빌헬미 편곡 연주이고 다른 편곡과 다르게 G선의 연주가 인상적이다. 결국 G선만의 연주가 어려운 것이고 과거의 대가들은 모두 이를 해 낼 수 있는 능력자들이었다. 쉬운 길로만 가니 능력이 떨어지는 격이다.

악마에게 영혼을 판 바이올리니스트라는 파가니니는 감옥에 있을 당시 다른 줄이 모두 없어지고 G선만이 남게 되었는데, 그래서 이 G선으로 도 기막힌 연주를 했다고 한다. 그리고 그 선은 그가 교살한 여인의 창자로 만들었다는 일화가 전한다. 물론 사실은 아니지만 G선은 그런 마력의 가진 현이다. 그래서 파가니니는 G선으로만 연주하는 곡인 〈로시니 모세 주제에 의한 변주곡〉을 남겨 놓고 있다.

약 100년 전 미샤 엘만의 연주에는 요즘 연주가들에게서는 전혀 느낄 수 없는 인간에 대한 따스한 애정이 숨 쉬고 있다. 더불어 SP만의 빗소리 같은 잡음마저도 감미롭게 들린다.

바흐 관현악 모음곡 파블로 카잘스

# 환상적인 중세 분위기

## 라이네케 〈발라드〉

패트릭 갈르와

19세기 알려지지 않은 작곡가 중에서 오히려 유명한 제자의 스승으로 알려진 경우가 있는데 이런 이가 바로 라이네케다. 흔히 그를 독일 낭만주의 전통을 대변한다고 하지만 그 존재감은 약한 것이 사실이다. 그래서 우리는 라이네케라는 작곡가를 잘 모른다. 유명한 작곡가가 아니라서다. 기껏해야 그의 플루트 소나타 〈운디네(물의 정령)〉가 알려져 있지만, 이 곡은 애호가들을 위한 것이라기보다는 전공하는 학생을 위한 성격이 짙다.

칼 라이네케는 당시 덴마크 지배를 받던 함부르크 근처 알토나 출신으로 아버지로부터 음악 교육을 받았다. 일곱 살 때 작곡을 시작하였고 열두 살에 공개 연주회를 가졌다. 라이프치히 음악원에서 멘델스존과 슈만을 사사하였고, 덴마크 궁정 피아니스트, 쾰른 음악원 교수를 지냈다. 브레슬라우 음악감독을 거쳐 저명한 라이프치히 음악원 음악감독을 무려 35년간 역임하고 그 자리를 니키쉬에게 넘긴다. 엄청난 장기집권인 셈이다. 그래서 음악원에서 작곡가 그리그, 브루흐, 야나체크, 알베니스, 스탠포드, 신딩, 스벤젠, 음악학자 리만, 지휘자 바인가르트너를 제자로 두게 된다. 그는 당대에 모차르트 전문 피아니스트로 명성이 높았고, 특히 모차르트나 베토벤 피아노 협주곡의 카덴짜가 유명하다. 참고로 이런 카덴짜의 수가 무려 마흔두 개나 된다고 한다.

그의 작품은 슈만이나 멘델스존풍의 독일 전통의 낭만적인 성향이 강하며, 특히 브람스 첼로 소나타 1번 초연 시 피아노를 담당했고 자신의 첼로 소나타를 브람스에게 헌정하기도 했다. 작품은 오페라, 서곡, 교향곡, 협주곡, 실내악, 성악곡 등 매우 다양하며 그 성격은 대중적이며 목가적인 것이 많다. 그가 남긴 작품의 수는 288곡에 달한다.

그의 작품 중에는 협주곡이 열 곡이나 되는데, 그중 플루트 협주곡과 하프 협주곡이 이들 악기를 위한 협주곡에서 중요한 위치를 차지한다. 한편 그의 마지막 작품 즉 Op. 288은 '플루트와 관현악을 위한 〈발라드〉'이다. 최만년인 1908년 작곡된 것으로 10분 정도의 짤막한 곡이지만 그 느낌은 어떤 곡보다는 깊은 인상을 남긴다. 발라드(ballad)는 16세기 영국에서 융성한 이야기풍 시의 일종으로 춤춘다는 뜻의 말에서 기원한다. 불어는 ballade 독어는 ballade(발라데)이다. 말하자면 서사적인 전래가곡을 말하며 나중에는 가사 없는 선율로도 알려지는데 그 대표적인 것이 〈푸른 옷소매(Greensleeves)〉다. 내용은 주로 역사적인 이야기나 불가사의한 사건 등이며 주로 소박하고 단순한 것들이다. 특히 통속적이고 평이하여 인기가 높았다. 이에 18세기에는 발라드 오페라가 유행했고, 19세기에 들어서는 2차 대전 후 감상적이고 느린 노래인 대중가요로도 알려진다. 클래식의 기악곡으로는 쇼팽과 브람스 것이 유명하다.

　라이네케의 〈발라드〉는 감상적인 동시에 중세적인 즉 낭만적인 흐름을 보여 준다. 특히 아련하고 신비스러운 진행으로 무언가 알 수 없는 환상을 전해 주며 듣는 이를 상념에 젖게 한다. 특히 첫 부분 호른 독주서부터 마치 중세 독일의 깊은 숲속으로 빨려 들어갈 것 같은 감흥에 사로잡힌다. 한마디로 라이네케 음악의 백미라 할 수 있는 숨겨진 명작이라 하겠다. 더불어 멘델스존의 〈한여름 밤의 꿈〉 중 스케르쪼를 연상시키는 자잘함의 묘미도 함께한다. 한마디로 낭만적인 환상 그 자체라 하겠다.

아벨 흑단 플루트

　추천할 만한 연주로는 단연 패트릭 갈르와를 손꼽는다. 같이 수록된 곡은 플루트와 하프 협주곡인데 독주자가 상대편 곡을 지휘하는데, 하프 주자 파브리스 피에르의 지휘가 대단히 만족스럽다. 더불어 협연을 맡은 스웨덴 실내악단의 기량도 흡족할 만하다. 그리고 갈르와의 악기는 크리스 아벨이라는 흑단 플루트인데, 나무만의 질감 있는 소리로 통해 따스한 신비감을 전한다. 한 번만 들어도 빠져들게 되는 신비스러운 곡상을 드러낸 것으로, 목관 특유의 풍성한 질감이 분위기를 더욱 북돋운다. 한 장의 음반에 플루트, 하프 협주곡 그리고 〈발라드〉를 담고 있어 라이네케 음악을 접하는 데 가장 좋은 선택이 된다.

다른 연주로는 페터-루카스 그라프의 연주가 추천할 만한데, 반주가 다소 아쉽지만 플루트 자체 연주로는 최고 수준을 유지한다. 한편 베를린 필하모닉 수석 주자인 에마뉘엘 파위는 연주는 다소 평범하여 아쉽다.

페터-루카스 그라프

# 다시로운 울림으로

## 크라이슬러 〈사랑의 기쁨, 슬픔〉

프리츠 크라이슬러 연주

　그대는 '크라이슬러'라는 이름을 아는가? 자동차 회사 이름이 아니라 일
세를 풍미한 바이올리니스트 프리츠 크라이슬러를! 설령 알고 있다고 해
도 그저 모노 시대에 활동한 구시대의 유물 정도로만 생각하지는 않는지?
아니면 〈사랑의 기쁨〉만을 떠올리지는 않는지? 크라이슬러는 우리가 알
고 있는 것보다 훨씬 더 위대한 음악가였다. 더 놀라운 사실은 그가 1923
년 극동 순회공연 중 우리나라를 다녀갔다는 것이다.

　프리츠 크라이슬러는 빈에서 유태인 의사이자 열렬한 바이올린 애주자
의 아들로 태어나 바이올린을 배웠고 일곱 살 때 빈 음악원에 입학한다.
참고로 아버지는 프로이트와도 친분이 있었다고 한다. 원래 입학 제한 연
령이 열 살이었으니 특별 대우를 받은 셈이다. 여기서 그는 바이올린계의

종가인 헬메스베르거가의 헬메스베르거 주니어(Joseph Hellmesberger Jr.)에게 배웠고, 브루크너에게는 작곡을 배운다. 이후 빠리(파리는 날아다니는 곤충이고) 음악원에서는 비에니아프스키나 사라사테, 이자이를 길러낸 크로이처의 제자인 마사르트(Lambert Massart)에게 배우게 되는데, 특히 기교가 아닌 감정의 표현을 강조했다고 한다. 그는 체계적인 비브라토의 창시자로 크라이슬러를 그의 많은 제자 중에서 가장 으뜸이라고 평가했다.

음악원 졸업 후 1888년 불과 열세 살의 나이로 미국에 데뷔하였지만, 평가가 엇갈리면서 고국으로 돌아와 바이올린을 던져버리고 일반적인 교육인 의학이나 미술을 배우게 된다. 이후 1차 대전에 오스트리아 군인으로 참전하였고 위문차 바이올린을 잠시나마 잡게 된다. 더군다나 참전 중 어깨 부상까지 당해 인생의 공백기이자 방황의 시기인 셈이다. 당시 그는 의대에 다니기도 하였지만 의사보다는 더 많은 사람에게 봉사할 수 있는 음악을 선택하게 된다.

군 제대 후 다시 바이올리니스트의 길을 걷고자 빈 가극장 관현악단 수석 주자에 응모했지만 보기 좋게 떨어진다. 당시 이 악단의 악장은 말러의 처남인 알마의 동생이었는데 크라이슬러를 강력히 반대했다고 한다. 혹시 너무 뛰어나서 자신의 자리가 위태로울까 봐 그랬던 것은 아닐까.

하지만 이것이 전화위복이 되었고 대지휘자 한스 리히터와 브루흐 협주곡을 협연하여 격찬을 받았고, 동석했던 평론가 한슬릭으로부터 거장이라는 평가를 받는다. 화려한 귀향인 셈인데 여세를 몰아 아르투르 니키쉬가 지휘하는 베를린 필하모닉과 멘델스존을 협연하여 대성공을 거둔다. 다시금 독주자로서 정상에 등극한 것이다. 쓰라린 침묵의 시간을 딛고.

이런 그는 2차 대전의 기미가 보이자 독일에서 연주가 힘들다고 판단하여 다시 미국으로 가서 귀화하게 된다. 독일에서 일화 중에는 하이페츠와의 만남이 유명하다. 1912년 불과 열한 살의 하이페츠의 연주를 접한 크라이슬러는 옆의 동료인 짐발리스트에게 이렇게 말했다. "자네가 나나 바이올린을 부숴버리는 것이 낫겠군!" 이런 하이페츠의 충격에 짐발리스트는 방황의 길을 걸었다고 한다. 하지만 기교파이기도 한 크라이슬러는 이를 극복한다.

한편 그는 작품도 다수 남기게 되는데 네 편의 오페레타를 비롯하여 한 곡의 현악 4중주 그리고 130여 곡이 넘은 바이올린 소품(필사와 개작 포함)이 그것이다. 그리고 베토벤, 모차르트, 파가니니, 비오티 협주곡의 독주 카덴짜를 남기기도 한다. 특히 베토벤 카덴짜는 요아힘 것과 더불어 유명한 것으로 자리한다. 이런 작품 활동은 교향곡이나 협주곡 등을 남기는 기존 전문 작곡가에 비할 바는 아니지만, 특히 바이올린 소품으로는 독보적인 존재였다. 그런데 바이올린 소품들은 소위 "위대한 속임수" 내지 "음악 추리 소설"로 불리는 것이다. 일종의 착한 사기에 해당하는.

그 진위는 다음과 같다. 1900년 초 그는 옛 대가 작곡가의 유형을 따른 (in the style of) 작품을 발표하기 시작한다. 예를 들면 마르티니(Martini)의 〈안단티노〉, 푸냐니(Pugnani)의 〈전주곡과 알레그로〉 등이다. 특히 유명한 〈사랑의 기쁨(Liebesfreud)〉은 요쎕 란너(Josef Lanner)의 작품을 개작한 것이라 했다. 하지만 이는 모두 거짓이고 자신의 작품이 맞다. 그럼 왜 이런 거짓말을 한 것일까?

초창기 크라이슬러는 비평가들의 오만함에 화가 나 있었다. 그래서 자신의 작품이라고 하면 무시당할 것이 뻔하기에 옛 대가들의 이름을 붙이게 된 것이다. 그러고는 한술 더 떠 53편의 악보 뭉치를 어느 프랑스 수도원에서 발견했노라고 했다. 이런 편곡들은 무려 20여 편에 달한다.

정말로 그럴듯하지 않은가? 1934년 크라이슬러는 신문 지상을 통해 실은 자신의 작품인 것을 발표한다. 이런 사실을 밝힌 이들 중에는 평론가 다운스(Olin Downes)가 있는데, 그는 유명한 바이올리니스트 유디 메뉴인에게 〈전주곡과 알레그로〉가 푸냐니의 원작이 아님을 확인했고 이들 크라이슬러에게 캐묻자 '아니오, 내가 작곡했소'였다.

이런 것에 대해 음악계는 놀라움을 표시했고, 특히 저명한 비평가 뉴먼(Alfred Newman)은 뉴욕 타임스에 '실수는 있을 수 있지만 크라이슬러 같은 저명한 음악가가 해서는 안 되는 일'이라고 강력히 비난했다. 이에 크라이슬러는 "만일 당신이 바흐나 헨델의 작품을 모방할 수 있다면 나는 겸손하게 사과할 용의가 있소"라고 대답한다. 또한 다운스는 타임스에서 "우리는 크라이슬러가 우리를 멋지게 속여 넘겼다고 인정해야 한다. 그러나 이 속임수로 인해 조금이라도 해를 끼친 것이 있는가? 과거의 위대한 작곡가들의 명성에 해를 끼친 것은 결코 없다. 크라이슬러의 행동은 그 어디에서도 이 같은 무해한 경우는 없다"라며 옹호했다.

바흐나 비발디 작품이면 어떻고 또 크라이슬러 작품이면 어떤가? 작품이 좋으면 그만인데 현실은 그렇지 않았고 그래서 크라이슬러는 평론가나 청중들에게 정말 멋지게 한 방을 날린 셈이다. 하지만 이게 불편한 일인가? 오히려 그만의 절묘한 해학이라 하겠다. 〈전주곡과 알레그로〉를 들어 보라 절로 흐뭇한 미소가 지어질 것이다.

그의 대표적 명곡인 〈사랑의 기쁨(Liebesfreud)〉과 〈사랑의 슬픔(Liebsleid)〉은 1905년경 만들어졌는데 당시 한 음악회에서 〈빈 기상곡〉과 같이 연주되었다. 물론 사랑의 기쁨과 슬픔 두 곡은 요한 슈트라우스와 동시대 작곡가 요셉 란너의 곡이라고 소개했는데, 독일의 한 신문에는 "크라이슬러의 〈빈 기상곡〉과 란너의 곡은 뭔가 어울리지 않은 면이 있다. 하지만 슈베르트적인 선율과 빈 황금 시절의 추억을 떠올리게 하여 열화와 같은 앙코르를 요청케 했다"라고 소개했다. 이에 크라이슬러는 란너의 곡은 사실내 곡인데, 평론가와 음악학자들은 나를 작곡가로서 인정하려 들지 않는다며 서운해했다. 그래서 다운즈는 이런 말을 남기게 된다. '유명 작곡가의 이름이 큰 몫을 차지한다는 것이 유감스럽지만 이는 사실이다. 청중도 비평가도 크라이슬러의 동료도, 아마 이 작품들이 현존하는 바이올리니스트의 작품이라고 알려졌다면 그다지 큰 호감을 보이지 않았을 것이다'라고.

이런 〈사랑의 기쁨〉과 〈사랑의 슬픔〉은 〈아름다운 로즈마린〉과 더불어 크라이슬러의 대표적이자 바이올린 소품의 독보적 명곡으로 자리한다. 이들 두 곡은 비록 SP 모노이지만 크라이슬러의 연주를 직접 들어 볼수 있다. 녹음은 모두 다섯 가지가 남아 있는데, 1910년(NAXOS), 1911년(DG, BIDDULPH), 1926년(RCA, NAXOS), 1938년(EMI, NAXOS) 그리고1942, 46년(NAXOS)이 그것이다.

곡은 3분 남짓한 짤막한 곡이지만 연도에 따라 연주가 조금씩 다르다. 말하지만 그는 같은 연주는 하지 않았다는 것이다. 하지만 가장 좋은 것은 역시 1911년 녹음인데, 기교라든가 감정이 표현이 가장 뛰어나다. 단순한 바이올린 소품에 불과하지만 그 전해 주는 느낌은 사랑이라는 감정의 흐름이 잔잔히 묻어나며, 그러한 미묘한 감흥은 크라이슬러만의 독창적인 것이다. 한편 1938년 녹음의 EMI CD는 모노 특유의 잡음이 거의 없는 우수한 음질을 자랑한다.

그리고 다른 이들의 크라이슬러 연주로는 오스카 섬스키를 추천하는데, 그는 직접 크라이슬러를 만나 연주한 인물로 무려 56곡을 녹음한 바 있다. 다소 날카롭지만 섬세한 표현이 일품이다. 또한 제이미 라레도는 소품집 『비르투오소』에 〈코렐리 변주곡〉을 비롯하여 〈사랑의 기쁨〉, 〈사랑의 슬픔〉, 〈아름다운 로즈마린〉, 〈집시〉 다섯 곡만을 수록하고 있지만, 그 수준이 훌륭하고 음질이 좋아 적극 추천한다. 마지막으로 우아한 비브라토를 유명한 아르투르 그뤼미오의 연주 또한 놓칠 수 없다.

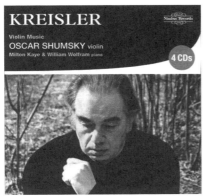

오스카 셤스키                『비르투오소』 제이미 라레도

다른 추천 명곡으로는 〈전주곡과 알레그로〉와 드보르작의 〈어머니가 가르쳐 준 노래〉가 있는데, 〈전주곡과 알레그로〉는 진한 감성과 바이올린이 질감이 묻어나는 것으로 헨릭 세링의 연주를 추천한다. 그리고 〈어머니가 가르쳐 준 노래〉는 특유의 애절함이 가슴에 젖어 드는데, 니콜라스 코에케르트 연주(NAXOS)가 좋다. 크라이슬러 자신의 연주는 전하지 않는다.

크라이슬러의 연주는 소품류가 많지만 그의 높은 예술성을 드러낸 것은 역시 베토벤 협주곡(1926년 녹음)에서다. 자신의 카덴차와 더불어 펼

처지는 느린 2악장 라르게토에서 선(善)의 표출은 그 어떤 말로도 형언하기 힘든 눈물겨운 감동을 아로새긴다. 듣고 있노라면 촉촉한 눈물이 고일 만큼 감명적이다.

크라이슬러의 너무도 인간적인 바이올린 소리는 현대의 연주가에게는 전혀 찾아보기 힘든 최고의 음색으로 정신적 풍요로움과 미덕을 되뇌게 한다. 그의 연주는 한마디로 따듯한 음색과 특유의 비브라토를 통한 다사로움(Gemütlichkeit)이라 할 수 있는데, 이런 위대한 연주를 듣노라면 '음악이 인간을 선하게 만든다'라는 말이 연상된다. 사람의 다사로운 정을 느낄 수 있는 크라이슬러, 꼭 한번 만나보시길….

참고로 〈사랑의 기쁨〉은 달인이라는 코미디에 배경 음악으로 사용되었는데 아마도 크라이슬러가 바이올린이 달인이라는 의미 때문으로 여겨진다.

베토벤 바이올린 협주곡

# 첼로 서정미의 극치

## 라흐마니노프 첼로 소나타

요-요 마

　우리는 요-요 마란 첼리스트를 중국인으로 알고 있다. 하지만 그렇지 않다. 그는 대만계 부모 밑에서 프랑스에서 태어났고 국적은 미국이라 미국사람이다. 이제 생김새로 어느 나라 사람인가를 판단하는 시대는 지났다.

　이런 요-요 마와의 첫 만남은 바흐 무반주 첼로 모음곡에서다. 이 곡의 발굴자이자 최초 녹음자인 파블로 카잘스는 근 47년간 연습을 통해 예순의 나이에 비로소 녹음을 시작한 바 있다. 그런데 요-요 마는 1982년 그러니까 그의 나이 불과 스물여섯 살 때의 녹음이다. 20대 약관에 녹음이라 믿음이 가질 않았지만, 내가 처음으로 구입한 음반은 바로 요-요 마였다. 그만큼 당시 화제였고 또 요-요 마는 떠오르는 유망한 첼리스트였기 때문이다.

연주는 카잘스 것이 최고이지만 지금 들어도 요-요 마의 역시 신선한 감흥을 선사한다. 물론 깊이가 없어 아쉽기는 하지만. 현재까지 그는 모두 네 번의 녹음을 남기고 있어서 야노스 슈타커와 더불어 네 번의 전곡 녹음을 기록하고 있다. 아니면 다섯 번째 녹음이 나올지도 모르겠다. 어쨌든 그의 바흐 연주는 가벼움으로 인해 높은 평가를 내릴 수는 없지만, 곡의 입문 역할로서의 가치를 부여하고 싶다.

2025년 현재 그의 녹음 음반의 숫자는 무려 132종에 이른다. 슈타커는 첼리스트로서 먹고살기 위해서는 다른 직장을 같이 가지고 있어야만 한다고 말한 바 있다. 이는 첼로 연주곡목의 수가 다른 악기 즉 피아노나 바이올린에 비해 턱이 부족하기 때문이다. 협주곡을 비롯하여 소나타, 독주곡을 모두 포함해도 30여 곡 남짓인데 특히 유명 협주곡은 불과 열 곡에 지니지 않는다. 그래서 요-요 마의 경우 30대 중반에 이들 협주곡의 녹음들을 마치게 된다. 이렇게 그는 왕성한 녹음 작업을 하게 되고, 아마도 모든 첼로곡의 녹음을 남기게 될 것이다.

여기에다가 그는 약간의 이탈도 감행하게 된다. 팝아티스트인 바비 맥퍼린과의 『허쉬』를 비롯하여 탱고, 영화음악, 째즈, 보사 노바, 엔니오 모리꼬네 그리고 '실크로드 프로젝트'에까지 이른다. 물론 모든 연주곡의 섭렵은 슈타커의 말을 떠올리게 하며, 또 다른 길로의 여정은 조금 다른 의미로 보인다. 한 가지 의외인 것은 소위 단순 첼로 소품집이 없다는 것이다.

그래서 음악가들에게 남발되는 거장이라는 칭호는 그에게 어울리지 않는다. 오히려 자유로운 영혼처럼 보인다. 그렇다면 그는 수준이 낮은 음악가인가? 물론 아니다. 필자는 그의 진면목을 라흐마니노프 첼로 소나타에서 보게 된다. 베토벤과 브람스 소나타 연주의 실망스런 기억을 뒤로하고.

그가 연주목록을 실내악으로 확대하기 시작할 무렵인 1990년 나이 서른다섯 때의 녹음이다. 프로코피에프 소나타와 같이 녹음했는데 백미는 라흐마니노프다. 특히 라흐마니노프 곡은 이렇다 할 명연주가 드문데, 요-요 마의 연주는 놀라운 명연을 들려준다.

마의 첼로는 유연하고 푸근한데 이런 그의 특징이 곡과도 무척 걸맞다. 물론 러시아적 정감의 깊은 울림에는 미지지 못하지만, 높은 안정감으로 서정성을 뛰어나게 살려 낸다. 이런 호연에는 액스의 피아노 역할이 빛을 발하는데, 뛰어난 합주와 더불어 곡이 갖는 피아노적 특성을 맛깔스럽게 끌어낸다. 특히 3악장 안단테에서 아름다운 피아노 선율에 도취되어 나오는 첼로의 선율이 인상적인데, 깊은 한숨과도 같은 절정에서 보여 주는 저음의 우울한 감성은 최고이다. 라흐마니노프만의 특유의 서정이 단연 빛을 발한다.

요-요 마와 엠마누엘 액스

한편 곡은 명피아니스트이기도 한 라흐마니노프의 것이라서 비록 첼로 소나타이지만 피아노의 역할이 크다. 그래서 연주에서도 피아니스트의 실력이 중요한데, 린 하렐의 연주에서 반주를 맡은 아쉬케나지의 피아노는 가장 뛰어남을 보여 준다. 하지만 하렐이 첼로가 아쉬움을 남긴 그런 것이다. 이런 것을 생각한다면 마와 액스의 연주는 가장 균형이 잡힌 최고의 명연주로 손색없다. 요-요 마는 늘 엠마누엘 액스와 같이 하는데 둘은 죽이 무척이나 잘 맞는 듯하다.

그 어떤 구김살도 없이 평화롭고 아름다운 그리고 깊은 서정미를 보여 준 마의 연주는 마치 벨 에포크(Belle Époque) 시대를 떠올리는 첼로 소나타의 진수라 하겠다. 여타 연주들 즉 샤프란, 슈타커, 베르너 토마스, 쉬프, 뵈르크, 토르틀리에 등 그 어떤 것보다는 뛰어난 것이 바로 요-요 마라 하겠다.

바흐 무반주 첼로 모음곡

# 샤콘느의 향연

### 비탈리와 바흐의 〈샤콘느〉

비탈리 〈샤콘느〉 야사 하이페츠

춤곡인 '샤콘느'는 페루에서 스페인으로 넘어온 챠코나(chacona)가 16세기 르네상스를 통해 유럽에 보급된 후, 다시 이탈리아에서 치아코나 (ciaccona), 프랑스에서 샤콘느(chaconne)란 이름으로 자리 잡았다. 샤콘느는 둘째 박에 악센트가 있는 4분의 3박자 춤곡으로, 바로크 시대 파사칼리아와 더불어 그 시대를 대표하는 변주곡이자 기악곡의 형식이다. 또한 수도사들의 명상곡이나 죽은 이를 위한 추모곡으로도 쓰였다. 샤콘느는 기본적인 변주로 시작해서 화려한 절정의 변주를 보여 주며, 단순한 춤곡의 수준을 넘어 극적인 영혼의 정서를 표출한다.

이런 샤콘느의 명곡으로는 비탈리와 바흐 것을 손꼽는데 소위 샤콘느의 2대 명곡으로 자리한다. 특이한 사실로는 이 두 곡 모두가 한 사람에 의해 소개되었다는 것인데, 그 주인공은 멘델스존 바이올린 협주곡의 초연자이자 당시 라이프치히 게반트하우스 오케스트라 악장인 페르디난디 다비드다. 참고로 게반트하우스는 직물회관인데 직물 상인들의 후원으로 창설되었다.

안토니오 비탈리의 〈샤콘느〉는 매우 슬픈 곡조라 마치 낭만파의 작품을 보는 것과 같은 극적인 감정 효과 탓에 위작이 아닌가 하는 의심을 받기도 한다. 하지만 이런 탓에 오히려 많은 이들로부터 큰 사랑을 받는 명곡으로 자리한다.

명연주로는 단연 야사 하이페츠를 떠올린다. 그는 1917년 미국 데뷔 카네기홀 연주회 때 비탈리 〈샤콘느〉로 연주로 시작하였는데, 당시 음악계를 폭풍처럼 휩쓴 잊지 못할 연주로 기록된다. 그는 레스피기가 편곡한 오르간 반주를 사용함으로써 바이올린 기교를 극도로 과시하며 최고의 명연을 탄생시킨다. 통탄에 넘쳐나는 비애감을 통해 마치 이 세상 모든 슬픔의 종말을 고하기라도 하듯 비극적 감정을 남김없이 쏟아 낸다. 처절하게 심연에까지 육박하는 짜릿한 선율은 찬란한 슬픔의 극적 정화를 경험케 한다. 존재의 나약함 그리고 허무함을 토로하는 비통함에는 인간사 슬픈 이야기가 가득하기만 하다.

한편 바흐의 〈샤콘느〉는 단독의 곡이 아니라 '무반주 바이올린 소나타와 파르티타' 여섯 곡 중 파르티타 2번의 마지막 5악장인데 워낙 곡이 출중하여 따로 떼어 연주된다. 이런 바흐 샤콘느는 비탈리 것과는 성격이 대조적인데, 비탈리가 감정적인 즉 디오니소스적이라면 바흐는 정적인 즉 아폴론적인 것이다. 그래서 바흐 전기작가 슈피타는 "바흐 샤콘느는 물질에 대한 정신의 승리다"란 유명한 말을 남기기도 했다.

바흐 〈샤콘느〉 토요히코 사토

　또한 여러 편곡들이 존재하는데 스토코프스키의 관현악 편곡을 비롯하여 부조니의 피아노 편곡, 세고비아의 기타 편곡 등이 있다. 하지만 류트에 의한 편곡은 또 다른 의미를 지니게 된다. 원곡은 바흐가 1720년경 작곡한 것으로 추정하는데, 당시 바흐는 쾨텐 궁정악단장을 맡고 있었다. 그해 제후 레오폴드를 따라 두 달간 칼스바트로 여행을 다녀오게 되는데, 그 사이 아내 바르바라는 갑자기 세상을 떠났고 이미 땅에 묻힌 뒤라 바흐는 매우 충격이 컸다. 그래서 죽은 아내를 기리며 만든 곡이 〈샤콘느〉라고 독일의 음악학자 토엔(Helga Thoene)은 주장한다.

　원곡 '무반주 바이올린 소나타와 파르티타'의 구성은 소나타 1번 파르티타 1번, 소나타 2번 파르티타 2번, 소나타 3번 파르티타 3번으로 되어 있다. 소나타 세 곡은 1718년 완성되어 특별한 의미를 지닌다고 하는데, 소나타 1, 2번은 종교곡을 인용하여 그리스도의 강생, 수난, 부활을 의미하며 3번은 천국과 영혼을 상징한다고 한다. 그래서 샤콘느가 포함된 파르티타 2번은 소나타 2번과 짝을 이루기에 샤콘느는 죽음과 부활이라는 것이다. 그래서 바흐는 바르바라를 위한 추모곡(Chaconne Tombeau)을 만들었다는 것이다. 더불어 그 주제는 칸타타 4번 〈그리스도는 죽음의 속박에 있었네〉라는 마틴 루터의 부활절 찬송가라는 것이다. 토엔은 그 근거로 칸타타 4번 노래와 샤콘느 류트 연주(반주)의 두 곡을 하나로 결합시킨 연주를 든다. 곡을 들어 보면 두 곡이 다소 어색함도 있지만 절묘하게 맞아떨어진다.

그렇다면 바흐의 왜 이렇게 곡을 만든 것일까? 그냥 죽은 아내를 위한 추모곡이라 하면 될 텐데. 바흐는 당시 높은 신분도 아니었고 또 개신교 신자였기에 따로 레퀴엠 같은 진혼곡을 만드는 것이 쉽지 않았을 것이다. 그래서 '무반주 바이올린 소나타와 파르티타'라는 커다란 곡 속의 한 악장인 샤콘느에 아내를 위한 추모곡을 마치 비원처럼 숨겼던 것이며, 겉으로 드러나는 것을 꺼려 자신이 통달한 대위법을 통해 두 곡이 같은 곡이지만 전혀 다른 곡처럼 보이는 기막힌 작품을 선보인 것이다. 슬프기보다는 비장감이 감도는 한 편의 서사시와 같은 추모곡 샤콘느를.

결국 샤콘느를 류트로 연주한다는 것은 추모곡(Tombeau)의 의미를 지니게 된다. 이런 것을 염두에 두었는지는 모르겠지만 사토의 음반에는 〈샤콘느〉와 이에 대응하는 소나타 2번의 '안단테'를 수록하고 있고, 더불어 마지막 곡으로는 세상을 떠난 친구인 류트 주자 필립을 추모하여 자신이 만든 〈필립의 추모곡(Tombeau)〉을 수록한다.

토요히코 사토는 일본 히로시마 출신으로 헤이그 왕립 음악원 교수를 역임한 유명한 류트 주자이다. 1970년 세계 최초로 류트 독주 음반을 발매했고, 그의 연주는 전통적인 기법을 옹호하며 그 해석 역시 고풍스럽고 학구적인 것을 지향한다.

이런 토요히코 사토의 1집 음반 속에 〈샤콘느〉를 포함하고 있는데, 비장미를 바탕으로 풍부하고 전아한 울림을 자랑한다. 더불어 샤콘느가 지닌 정신적인 깊이를 류트의 고아한 음색에 실어 풍부하게 전한다. 또한 여타 곡의 연주 역시 풍부한 울림과 더불어 고풍스러운 풍미가 가득하다. 이런 류트 연주는 마치 듣는 이를 바로크 시대로 안내하는 각별한 경험과 신선한 감흥을 선사한다. 참고로 그는 바흐 무반주 첼로 모음곡을 류트로 편곡한 좋은 연주도 남긴 바 있다.

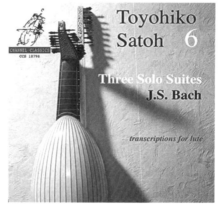

바흐 무반주 첼로 모음곡 토요히코 사토

# 미친 존재감

## 비발디 〈라 스트라바간자〉

비발디, 프랑수와 모렐로 라 카브

아마 '비바~르디(비발디)'를 모르는 사람은 없을 것이다. 〈사계〉란 곡이 워낙 유명하고 심지어는 스키장이나 아파트 이름까지 있으니 말이다. 그러나 그의 다른 작품이 뭐가 있을까 하는 질문에 답하기란 그리 쉽지 않다. 또한 〈사계〉의 형식이 뭐냐고 물으면 '사계가 사계 아닌가요?'라고만 말한다. 그만큼 비발디란 작곡가는 친숙한 존재이건만 그의 실체를 자세히 아는 이는 드물다. 왜 그럴까?

그는 바로크 시대 바흐나 헨델을 능가하는 아니 압도하는 최고 작곡가였지만 사후에 어떤 이유에서인지는 몰라도 사장되기에 이른다. 그리고는 무려 200년이 흐른 1940년대 〈사계〉가 재조명되면서 폭발적인 반응을 이끌어 낸다. 특히 1959년 녹음된 이 무지치가 연주한 〈사계〉가 공전의 히트를 기록하며, 그를 단숨에 클래식 스타로 군림하게 하는 사건(?)으로까지 기록된다. 또한 지하철 안내 방송에도 자주 나오는 곡(조화의 영감 6번, 사계 등)이 비발디여서 곡명은 모르지만 이미 우리의 귀에 친숙한 존재로 자리한다. 아마 세계에서 유일(?)하게 지하철에서 클래식을 접할 수 있는 것이었지만, 어찌 된 영문인지는 지금은 사라져 다른 것으로 바뀌어 참 아쉽기만 하다.

한편 이런 비발디의 작품을 그대로 베껴서 곡을 낸 이가 있었으니 그 이름은 바로 바흐였다. 그것도 무려 열 곡이나 된다. 소위 '음악의 아버지'란 사람이 비발디 곡을 베꼈다고?? 그렇다. 엄연한 사실이다. 놀라움은 여기서 그치지 않는다. 비발디는 음악가이기 전 사제 즉 신부님이었다는 사실이다. 그의 아버지는 베네치아의 산 마르코 성당의 유명한 바이올리니스트였지만 아들을 음악가가 아닌 신부로 키우게 된다. 물론 바이올린을 가르치기는 했지만. 열다섯 살에 신학교에 갔고 스물세 살에 서품을 받는다. 하지만 천식을 이유로 미사에서 열외가 되었고, 오스페달레 델라 피에타 여자 보육원에서 음악 교사로 약 37년간 근무하게 되어 수많은 작품을 남긴다.

이 보육원은 여자 고아들을 양육하는 곳이었는데 당시 베네치아는 세계 제일의 무역항이자 유럽 음악의 중심지였다. 이런 탓에 사람들의 사생활이 문란했고 그래서 거리에는 사생아나 고아가 넘쳐났다. 오죽하면 베네치아 사람은 '생의 반을 종교에서 말하는 죄를 저지르며 살며, 나머지 반은 그 죄를 하느님께 용서를 빌면서 산다'라는 말까지 생겨났을까?

피에타 보육원은 이런 여자 고아 소녀들을 데려다 음악 교육을 했던 것이고, 매주 이들로 이루어진 관현악단의 공연은 베네치아 관광객에게 큰 인기를 끌었다고 한다. 이들은 흰옷을 입고 연주했으니 버려진 소녀 고아들에 대한 마음이 어떠했으리라는 것은 쉽게 짐작할 수 있다. 더군다나 그 실력이 매우 뛰어나 빠리의 유명 악단을 능가하며, 장 자크 루소의 『참회록』에도 소개될 정도였다. 바로 이런 일을 가능케 한 장본인이 바로 비발디다.

여기까지가 다가 아니다. 그는 오페라 작곡에도 능해 무려 51편(일설에는 94편, 현존 21편)을 작곡했고 오페라 공연 기획을 맡아 오페라 흥행사로도 알려진다. 이러다 보니 오페라 여가수와 염문설까지 생겼으니 그야말로 신부님으로서는 파격이라 하겠다. 더 최악은 말년에 32년 연하의 가수 안나 지로와 빈으로 도망쳤고, 빈궁 속에서 객사하게 된다. 더욱이 빈민 묘지인 부르거슈피탈에 묻힌 것이 1938년에야 확인되었고 현재는 모차르트 경우처럼 묘를 알 수 없다.

결국 비발디는 음악가로서는 최고의 찬사를 받았지만, 교회 측에서 본다면 신부님으로는 별로 달가운 존재는 아닌 셈이었다. 이렇게 그는 객사를 함께 자연스럽게 역사 속으로 사라졌던 것이다. 빨간 머리 신부라 놀림을 받던….

이런 비발디의 위대한 음악적 업적은 협주곡 형식을 정착시킨 소위 '협주곡의 왕'이란 말로 대변되는데 450여 곡의 협주곡을 남기고 있다. 특히 종류도 다양하여 무려 열세 가지 이른다. 만돌린까지 있어 거의 세상의 모든 악기의 협주곡을 남긴 셈이다. 더 놀라운 것은 바순 협주곡만 서른일곱 곡이고, 베토벤, 모차르트. 브람스는 단 한 곡도 쓰지 않은 첼로 협주곡을 스물일곱 곡이나 남기고 있다. 그가 남긴 작품의 수는 780여 곡에 이르며 이를 정리하는 이들의 경쟁도 치열하여, 리날디, 팡제르(P), 판나(F), 리옴(RV)이 각자 작품 목록을 남기고 있다. 현재는 리옴 번호가 주로 쓰이고 있다.

앞서 사계의 형식을 말하였는데 바이올린 협주곡이다. 더 정확히는 〈화성과 창의에의 시도〉 전 열두 곡 중 1번에서 4번을 말한다. 그의 협주곡은 열두 곡 묶음이 많은데 아마 당대 유행 같은 것으로 추정된다. 〈조화의 영감〉, 〈라 스트라바간자〉, 〈화성과 창의에의 시도〉, 〈라 체트라〉, 플루트 협주곡, 오보 협주곡 모두가 열두 곡이다. 또 곡에 제목 즉 표제를 많이 붙이고 있는데, 〈조화의 영감〉은 예전에 '화성에서 온 영감(?)'이라고 번역되기도 하였다. 그래서 나는 학창시절 외계의 음악을 만든 여자 음악가로 알고 있었다. 초상화에는 빨간 옷을 입은 긴 머리의 모습이라 여자인 줄만 알았다. 당시 즐겨 쓰던 가발임을 모르고.

20대 작곡된 〈조화의 영감〉의 큰 인기를 끌자 1년 뒤 후속으로 발표한 곡이 바로 〈라 스트라바간자〉인데 튀는 제목을 붙이게 된다. '스트라바간자(stravaganza)'란 '기묘한' 내지는 '이상함' 즉 '미친 듯한 행동'을 뜻한다. 아마도 평범한 〈조화의 영감〉과는 대비적으로 파격적인 성향을 나타내고자 했던 것으로 여겨진다.

전작 〈조화의 영감〉은 여러 가지 협주곡인 데 반해 〈라 스트라바간자〉는 바이올린 협주곡만으로 이루어졌다. 고전파 협주곡을 연상하는 화려한 것이며, 의표를 찌르는 풍부한 조바꿈이나 새로운 화음이 가득하다. 특히 느린 악장은 애처로운 오페라 아리아를 연상하는 선율이 인상 깊다. 하지만 이런 특징이 당시로는 너무 이질적이었는지 큰 인기를 끌지는 못했다. 하지만 오늘날 관점에서 본다면 이런 특징들이 신선하게 다가서는데, 생각해 보면 신부님의 음악치고는 시대를 너무 앞서간 것이 아닐까 한다.

곡 수가 열두 곡이 되다 보니 연주 시간만도 100분이 넘는데, 인상적인 곡으로는 바흐가 편곡한 1번을 위시하여 2, 3, 4번이다. 일반적으로 가장 뛰어난 곡은 8번이라고 하지만 나는 11번을 가장 좋아한다. 왜냐하면 마치 현대의 팝 발라드와 같은 감흥을 주는 2악장 느린 라르고 때문이다.

　또한 이런 것은 특별한 연주 때문이기도 한데, 그 주인공은 시대악기 연주가 레이첼 포저다. 협주곡이기에 협연한 악단은 '아르테 데이 수오나토리'란 이름도 괴상한 폴란드 실내악단인데 알아보니 14세기 장인 길드 조합의 이름이며 그 뜻은 '음악가의 예술' 정도가 된다.

레이첼 포저

　시대악기 연주란 당시 쓰던 악기와 연주 방식을 따르는 것인데, 기법상 낮은 비치와 비브라토를 쓰지 않는다. 그러기에 다소 심심한 것이라 시대악기 연주들은 오히려 악센트를 강조하여 더 현대적인 음감을 들려주기도 한다. 포저 역시 1739년산 고악기를 사용하여 매우 생동감 넘치는 표정을 선사하는데 극적이며 신선함이 철철 넘친다.

　특히 11번 협주곡 2악장이 거의 충격에 가깝다. 풍부한 표정을 바탕으로 노래하는 감흥을 선사해 마치 팝송을 듣는 듯한 착각에 빠져들게 한다. 300년 전 신부님이 만든 음악인데 말이다. 곡 시작부터 더블베이스의 울림이 인상적인데, 마치 팝송의 베이스 기타를 연상시키며 후반부에 통주저음인 쳄발로의 기막힌 장식음을 첨가하여 애상적 분위기를 고취한다.

통주저음이란 '바소 콘티누오'라 불리는 바로크 시대의 저성부의 독특한 반주 형태인데 주로 쳄발로나 첼로 등의 악기가 사용된다. 포저 연주에서는 쳄발로를 비롯하여 오르간, 테오르보, 아치류트, 기타가 통주저음으로 다양하게 사용된다. 참고로 쳄발로는 '하프시코드(영어)'라고도 하는데 챙챙거리는 소리가 나서 쳄발로가 아닐까? 또한 쳄발로는 피아노의 전신 악기가 아니다. 쳄발로는 발현 건반악기며 피아노는 타악기 구조의 건반악기다. 그런데 피아노의 전신이라는 것은 그 역할을 대신했기 때문에 잘못 알고 있다.

포저 연주의 특출남은 다른 연주인 '이 솔리스티 이탈리아니'나 아니면 펠릭스 아요가 독주를 맡은 '이 무지치'를 들어 보면 명확해진다. 마치 다른 곡처럼 들리기도 하니까. 파격적인 존재감을 원하면 포저 연주를, 진지하고 정연한 음악을 원하면 이 무지치다.

비발디 음악은 늘 청량한 물줄기 같은 아름다운 생동감과 눈부신 신선함이 넘친다. 너무 멋진 미친 존재감의 신부님이 아닌가.

이 무지치

# 함부르크의 바흐

## C. P. E. 바흐 첼로 협주곡

첼로 협주곡 Wq 172 폴 토르틀리에

　바흐 가(家)는 독일 튀링겐 지방을 중심으로 16세기 이래 2세기에 걸쳐 무려 50여 명의 음악가를 배출한 집안이다. 바흐(Bach)란 이름의 뜻은 작은 개울이나 시내를 말하는데, 음악적으로는 시냇물이 아닌 마치 대하(大河)와도 같은 존재다. 우리가 아는 유명한 바흐는 요한 제바스티안 바흐로 두 번의 결혼을 통해 무려 스무 명의 자녀를 두게 된다. 전처인 마리아 바르바라 사이에 일곱 명 그리고 후처인 안나 막달레나 사이에 열세 명이다. 1,000곡이 넘는 작곡 생활 속에서도 스무 명의 자녀를 낳았다는 것은 놀라운데 대단한 정력가였던 모양이다.

　이런 많은 자녀 중에 음악가로 알려진 이가 있는데, '드레스덴의 바흐'나 '할레의 바흐'로 알려진 장남(둘째) 빌헬름 프리데만 바흐, '베를린의 바흐'

나 '함부르크의 바흐'인 차남 칼 필리프 에마누엘 바흐, '뷔케브루크의 바흐'인 다섯째 요한 크리스토프 프리드리히 바흐, '밀라노의 바흐'나 '런던의 바흐'인 막내 요한 크리스티안 바흐다. 이렇게 지명이 붙은 것은 그 지방을 중심으로 활약했기 때문이다. 쉽게 말해 WF, CPE, JCF, JC 네 명이다. 복잡하지만….

원래는 장남인 W.F. 바흐는 가장 음악적 재능이 뛰어나 즉흥 연주에 능했지만, 음악가로서는 별 두각을 나타내지 못해 자신의 작품을 아버지 작품이라 속여 팔며 생활을 연명했다. 한편 J.C. 바흐는 동료인 아벨과 소위 '바흐-아벨 음악회'를 열어 큰 인기를 끌었고, 런던을 방문한 모차르트가 이들 작품에 감명을 받아 자신의 초기 교향곡을 작곡하는 계기가 된다. 모차르트가 남긴 교향곡 3번은 실은 아벨의 작품으로 밝혀진다. 그는 모차르트에게 영향을 끼친 중요한 인물로 기록된다.

C.P.E. 바흐는 바르바라 사이에서 난 차남으로 텔레만의 뒤를 이어 함부르크 궁정 악장을 지냈고, 이전 베를린에서는 플루트를 애주하던 프리드리히 대왕(2세)의 반주자를 역임하였다. 참고로 이름에 필리프(Philipp)가 들어간 것은 대부가 게오르그 필리프 텔레만이었기 때문이다. 기질적으로 아버지 바흐와 가장 닮았고 당대 최고의 건반악기 주자였다. 더불어 클라비어 주법의 성전이라 일컫는 『올바른 클라비어 주법의 시론』이 유명하다. 이렇게 본다면 네 명의 아들 중 단연 돋보이는 음악가였다고 할 수 있다. 하지만 아버지만 한 아들이 없다고 했고 아버지의 그림자에 가려지게 된다. 그런데도 그는 갈랑 양식, 다감 양식, 질풍노도를 도입하여 아버지의 음악을 고전파인 하이든에게 전한 음악적 공로가 있다.

작품은 오페라를 제외한 전 분야에 걸쳐 있으며 900여 곡의 작품을 남겼다. 작품 성향은 소위 '감정과다 양식' 내지 '다감 양식'의 자연스러운 감정 표현을 추구한 낭만적인 것인데, 그래서 그 스스로가 '음악은 무엇보다도 사람의 마음을 움직여야 한다'고 했다. 이런 면에서는 아버지를 능가하는 면이 있다고 볼 수 있다. 참고로 작품 정리는 벨기에 음악학자 알프레드 보트쿼엔느의 Wq(Wq 258) 작품번호와 헬름의 H(H 875) 작품번호가 쓰이고 있다.

이런 다감 양식의 대표적 작품으로는 첼로 협주곡을 들 수 있다. 모두 세 곡(Wq 170, 171, 172)의 첼로 협주곡을 남기고 있고 이 중 Wq 172가 단연 돋보인다. 또한 이 곡은 동일한 플루트 협주곡(Wq 168)도 존재하는데, 원곡은 그가 잘 다루던 건반악기(당시 새롭게 등장한 피아노포르테나 클라비코드) 협주곡(Wq 29)이다. 말하지만 건반악기 협주곡을 첼로나 플루트 협주곡으로 편곡한 셈이다. 플루트는 아마도 프리드리히 대왕을 위해, 첼로는 대왕의 악단 첼리스트인 샬레를 위한 것으로 여겨진다.

1750년경 작곡된 곡은 전형적인 빠르고 느리고 빠른 3악장 구성으로 비발디와 하이든 첼로 협주곡의 가교 역할을 한다. 성향은 다감 양식을 반영한 것으로 계몽주의 이상 구현과 교화적 정화를 자극한다. 특히 중간 느린 악장의 감정 표현이 단연 빼어난데 Wq 171 아다지오도 좋지만 백미는 역시 Wq 172의 라르고 악장이다.


세 곡을 모두 담은 것으로는 시대악기 주자인 안너 빌스마의 연주가 있는데, 1988년 녹음으로 세계 최초로 기록되며 연주 역시 훌륭하다. 말하자면 이전에는 그 누구도 연주하지 않았다는 것인데 그만큼 그에 대한 인식이 낮았다. 하지만 현재는 널리 알려져 10여 종이나 되는 음반이 나와 있다.

한편 프랑스 출신의 첼리스트 폴 토르틀리에는 Wq 172 한 곡만을 연주하고 있다. 협연은 장-발터 아우돌리가 지휘하는 자신의 악단인데 생소하지만 연주 수준은 만족할 만하다. 토르틀리에만의 풍부한 감성의 소리가 감상자를 만족시키며, 특히 2악장 라르고는 무언지 모를 슬픔의 감정이 긴 획을 그려간다. 더불어 가슴에 촉촉이 맺히는 애절함은 잔잔한 감동을 남기고 지나간다. 이 한 악장만으로도 듣는 순간 행복에 젖게 되는데, 음악이 주는 삶의 희열이다. 이렇듯 아름다운 시간이 있을까 싶다.

플루트 협주곡 편곡 연주로는 니콜레와 갈르와가 있는데, 첼로의 감성적인 연주와는 다른 심심한 느낌을 전한다. 원곡인 건반악기 연주로는 톤 쿠프만의 쳄발로와 암스테르담 바로크 오케스트라 연주가 있다. 쳄발로가 갖는 악기적인 한계에도 불구하고 서정성을 한껏 살린 독주와 신선한 반주가 빛을 발한다. 또한 첼리스트 줄리어스 베르거의 연주는 1989년 녹음으로 최초라 하고 있지만, 빌스마가 더 빠르다. 2악장 라르고 연주 또한 말 그대로 감정과다로 부담스러운 것이 되고 말았다.

C.P.E. 바흐 스스로 말한 '청중에게 전달하고자 하는 감정을 자신이 느낄 수 있어야 하며, 열정을 가지고 끊임없이 감정을 변화시켜야 한다'란 말을 떠올리게 된다.

첼로 협주곡 전곡 안너 빌스마

쳄발로 협주곡 톤 쿠프만

# 텀블러, 물병이라고?

## 림스키-코르사코프 〈텀블러의 춤〉

투티 오케스트라 샘플러

음반사에 나오는 샘플러 즉 홍보용 무료 음반이라는 것이 있다. 자기들 음반 중에서 전곡이 아닌 한 악장들만을 모아 원래 음반 판매를 촉진하는 그런 것이다. 그래서 이런 음반들은 전곡이 아닌 탓에 나중에는 잘 안 듣게 되는 것이 되고 만다. 심지어는 처치 곤란한!

미국의 레퍼런스 레코딩 음반사는 좋은 음질을 자랑으로 내세우는 회사인데, 샘플러를 무료가 아닌 정식 음반으로 만들게 되고 그 제목을『투티(Tutti) 오케스트라 샘플러』라고 하게 된다. 투티는 전부라는 의미로 관현악에서 모든 악기가 나오는 총주를 말한다. 특히 첫 곡인 림스키-코르사코프의 〈텀블러의 춤〉이란 곡인데, 그 웅장한 음질적 위용이 단연 돋보이는 것이었다. 그래서 오디오 테스트용으로 주로 사용하게 되다 보니 연주에는 크게 관심을 기울이지 않았다. 이렇게 이 음반은 주로 음질 테스트용으로만 오래 사용했는데 계속 들다 보니 음질뿐 아니라 연주도 훌륭하다는 것을 차츰 느끼게 되었다. 또한 그 곡 역시 흔히 듣는 것이 아니라 어느 순간 나도 모르게 애청곡으로 자리하게 된다.

　'러시아 5인조'라는 이름은 원래 이들의 지지자인 평론가 블라디미르 스타소프가 붙인 '모구차야 쿠치카(Могучая кучка)'인데, 직역하면 '막강한 무리'란 뜻이다. 마치 무슨 조직 이름 같다.
　러시아 5인조란 림스키-코르사코프, 무소르그스키, 보로딘, 발라키레프, 큐이 다섯 명을 말하는데 발라키레프나 큐이는 생소할 것이다. 그래서 막강한 무리라 생각되지 않는다. 왜냐하면 러시아 작곡가 하면 으레 차이코프스키나 라흐마니노프를 떠올리기 때문이다. 더 흥미로운 사실은 이들 다섯 명 중 음악전공자는 발라키레프 한 명뿐이라는 것이다. 림스키-코르사코프는 해군, 무소르그스키는 육군, 공무원, 보로딘은 화학자, 발라키레프는 수학자, 큐이는 육군 공병 장군이다. 발라키레프만 음악을 전공하여 모두가 다 아마추어인데 그래서 음악에 더 진심이었는지도 모른다. 공자가 말한 '아는 자는 좋아하는 자만 못하고, 좋아하는 자는 즐기는 자만 못한다'는 말처럼 '막강한 무리'란 명칭은 거꾸로 생각하면 막강하지 않기에 막강해져야 한다는 의미로 붙인 것이 아닐까? 어쨌든 현재는 '러시아 5인조'라 순화(?)해서 부른다. 물론 이들이 러시아에서 차지하는 음악적 비중이 나름대로 있기는 하다.
　이런 다섯 명의 무리 중 가장 유명한 이를 들라 하면 역시 〈세헤라자데〉로 유명한 림스키-코르사코프라 하겠다. 그런데 이름이 요상하다. 코프가 들어가니 러시아는 맞는데 '림스키'는 또 무엇일까? 그의 증조할아버지가 해군 제독으로 이탈리아 대사관 무관이었고 자신은 다른 이들과 급이 다르다는 것을 뽐내기 위해 '로마인'이란 뜻의 러시아어 '림스키(Rimsky)'를 붙인 것이다.

그의 작품은 오페라 〈술탄 황제 이야기〉 중에 나오는 엄청 유명한 〈왕벌의 비행〉과 천일야화의 〈세헤라자데〉 두 작품 정도가 유명하다. 하지만 그는 근대 관현악의 대가였고 〈스페인 기상곡〉, 〈러시아 부활절 축제 서곡〉 등과 같은 관현악 명곡이 있고, 특히 오페라를 무려 열여섯 편을 남겼는데, 〈텀블러의 춤〉은 이런 오페라 중 〈눈 아가씨〉에 나오는 곡이다.

눈 아가씨는 러시아 설화 속의 인물로 오스트로프스키가 동명의 희곡을 만들었고 연극에 부수음악을 차이코프스키가 만들기도 했다. 그리고 림스키-코르사코프가 이를 오페라화한 것이다. 순수한 아가씨이자 겨울의 딸인 눈 아가씨는 사랑을 모른다. 나중에 사랑의 감정을 느끼게 되지만 결국 태양의 신에게 녹아 버리고 상대 남자도 자살하는 그런 내용이다.

곡에는 범신론적 분위기와 민요가 가득하다. 또한 작품에는 간택된 처녀와 태양신을 연상케 해 림스키-코르사코프의 제자인 스트라빈스키의 〈봄의 제전〉과 관련이 있다. 또한 스트라빈스키는 안데르센의 〈얼음 처녀〉에서 착상하여 〈요정의 입맞춤〉 발레를 만들었는데, 이는 차이코프스키에 대한 존경으로 그의 곡을 차용한 일종의 헌사다. 이런 곡임에도 자신의 스승인 림스키-코르사코프의 범주를 벗어나지 못하는 것이다.

림스키-코르사코프는 이 오페라를 통해 자신이 음악가로서 성숙했다고 자평했지만, 평론가들은 민요가 많이 쓰인 점을 들어 그가 작곡한 곡을 하나도 없다고 평해 림스키-코르사코프를 적잖이 당황케 했다.

그는 이 오페라의 모음곡을 따로 만들게 되는데, 1곡 '서주', 2곡 '새의 춤', 3곡 '행렬', 4곡 '곡예사(tumbler)의 춤'이다. 4곡은 오페라의 3막 잔치에 나오는데, 텀블(tumble)은 '굴러떨어지다'란 뜻으로 텀블러(tumbler)는 굴러떨어지는 사람인 광대나 곡예사를 말한다. 또한 접미사 er은 도구를 나타내 굴러떨어질 것 같은 술잔을 의미하게 된다. 결국 손잡이가 없고 바닥이 뾰족하여 잘 넘어지는 잔을 의미한다. 또 다른 의미에서는 넘어지는 것을 방지하는 잔을 말하기도 한다.

소개하는 『투티』의 〈곡예사의 춤〉 연주는 이지 우에(Eiji Oue)가 지휘하는 미네소타 오케스트라인데 사실 그리 유명한 지휘자와 단체는 아니다. 일본 출신의 지휘자 우에는 오자와와 번스타인에게 배웠는데, 1995년 미네소타 오케스트라를 맡게 되고 이 악단과 레퍼런스 레코딩에 많은 녹음을 남기게 된다. 그래서 그의 샘플러 음반을 만들게 되고 제목을 따로 붙여 판매용으로 내놓은 것이다. 소위 고음질의 오디오용으로.

모두 열여섯 곡이 수록되어 있는데 그 수준이 평이하여 우에에 대한 인상은 좋지 못했다. 하지만 제일 먼저 듣게 되는 〈곡예사의 춤〉 연주는 무척 훌륭한 필치를 선보이며 특히 웅장한 박력이 인상적이다. 또한 세련된 진행 역시 만족감을 더한다. 한마디로 관현악의 대가 림스키-코르사코프의 관현악적 쾌감을 만끽할 수 있는 뛰어난 명연주라 하겠다. 더불어 음질도 좋아 변변치 않은 오디오로 들어도 좋아 자신의 오디오가 좋은 것처럼 여겨질 정도다.

처음에는 그저 단순한 샘플러 음반으로 치부했고 또 샘플러를 돈 받고 파네! 할 정도였다. 하지만 지금은 오히려 내가 모르던 소중한 곡을 알려준 고마운 음반으로 자리한다. 물론 나머지 곡들은 연주가 시원치 않아 자주 듣게 되지 않지만.

주위에서 가끔 오디오 명반이라는 말을 듣게 된다. 연주도 좋고 음질도 좋으면 금상첨화이지만 그런 경우는 드물다. 오히려 음질이 떨어지지만, 연주가 좋아 계속 듣게 되는 경우가 훨씬 많다. 반대로 음질은 좋지만 연주가 떨어지면 자연히 멀어지게 된다. 뚝배기보다 장맛이다.

〈곡예사의 춤〉! 곡이 좋아지다 보니 다른 연주를 찾게 보게 되었다. 짤막한 곡이라 찾기가 쉽지 않은데 우에의 스승인 레너드 번스타인이 내놓은 『FAVORITE RUSSIAN SPECTACULARS』란 음반에 있는 것이 아닌가? 이 음반은 오래전부터 갖고 있었지만 전혀 몰랐던 것이다. 부랴부랴 들어보니 이유를 알게 된다. 엄청 빠른 진행으로 마치 속전속결을 연상케 하고 특히 초입의 타악기의 '쿵' 하는 효과가 없기 때문이다. 편성에서 제외한 것으로 여겨지는데 쉽게 말해 가볍고 촐랑거린다는 얘기다. 천하의 번스타인이? 누구나 모든 것을 잘할 수는 없는 법이다. 이 곡 연주에서는 스승을 능가하는군!

레너드 번스타인

다음으로는 유진 오먼디의 필라델피아 오케스트라 연주이다. 이 역시 다른 곡에 부가적으로 첨가된 것으로 존재한다. 오래전 녹음이라 음질은 평이하지만 이지 우에에 비견되는 출중한 연주로 자리한다. 웅장함에서는 우에에 다소 미치지 못한 면도 있지만, 전반적인 음악적 수준은 최고를 자랑한다. 한편 네 곡의 모음곡 연주로는 명장 에르네스트 앙세르메의 스위스 로망드 오케스트라를 추천한다. 관록이 느껴지는 명연주로 웅장함도 결코 부족하지 않다.

한 장의 단순한 샘플러 음반이 알려준 〈물병의 춤〉은 아니 〈곡예사의 춤〉은 음악적 웅장함과 관현악의 호쾌함을 맛보게 해 준 소중한 명곡으로 자리한다. 특히 곡예사의 역동적인 모습을 관현악으로 절묘하게 그려 낸 작곡가의 천재적 감각이 돋보인다.

〈곡예사의 춤〉 유진 오먼디          〈눈 아가씨〉 모음곡 에르네스트 앙세르메

# 엄숙하지만 너무 아름다운

## 바흐 〈아리오소〉

요한 제바스티안 바흐

바흐의 초상화를 보며 느껴지는 인상은 다음과 같이 정리할 수 있다.
한 성깔 하는 까칠함이 보이며 무서운 선생님 같은 근엄함이 느껴진다.
머리 모양이 뽀글이 파마라니 정말 특이하다.
미간의 찌그림은 뭐가 불만이 섞인 눈치인데 배우 스티븐 씨갈을 연상
시킨다. 이상.

이런 식이라면 인상이 더러운 편에 속한다고 할 수 있는데 그렇다면 그
의 음악은 어떨까? 바흐 초상화 모습에 익숙한 이들에게는 바흐를 어렵고
무거운 작곡가로 인식하게 된다. 나도 그랬으니까. 이에 바흐는 어렵다는
말까지 나오게 된다.

그렇다면 작품을 살펴보자. 가장 유명한 '무반주 첼로 모음곡' 어렵다, 〈마태 수난곡〉 길고 엄숙하고 어렵다, 〈브란덴부르크 협주곡〉 진지하다, 오르간곡 〈토카타와 푸가〉 멋있지만 엄청 근엄하다. 맞다, 바흐 곡은 대체로 진지하고 어렵고 또 무겁다. 사람을 주눅 들게 하는 엄숙함이 묻어난다.

그런데 반전이 있다. 아주 오래된 팝송 중에 여성 흑인 3인조 그룹 토이스(Toys)가 부른 〈사랑의 협주곡(A Lover's Concerto)〉란 히트곡이 있다. 우리나라 영화에서도 가수 사라 본이 부른 곡이 쓰여 친숙하다. 그런데 원저작은 그 엄숙하다고 하는 바흐다. 에?

바흐는 두 번의 결혼을 했는데 두 번째 마누라 안나 막달레나는 무려 16년 연하였다. 서른여섯 살 먹은 홀아비 그것도 애가 일곱이나 딸린 그가 스무 살 처녀와 재혼한 셈이다. 그녀는 소프라노 가수로 음악에 재능이 있었고 그래서 바흐 악보의 정리와 필사를 맡았다. 바흐는 이에 고마움을 표시하고자 〈안나 막달레나를 위한 음악 수첩〉이라는 곡집을 그녀에게 바친다. 말하자면 사랑스러운 아내에게 받치는 노래 선물이다. 이 중 미뉴엣 G장조 BWV 114를 팝송으로 편곡한 것이 바로 〈사랑의 협주곡〉이다.

곡이 말랑말랑하다. 사랑의 감정이 느껴지는 그래서 팝송 제목도 사랑의 협주곡이다. 바흐는 나름 로맨티스트였던 셈인데 여기에 또 다른 반전이 있다. 실은 자신의 곡이 아닌 페촐드란 사람의 곡이란다. 남의 작품을…. 하여튼 얘기는 그렇다.

요즘은 아내나 마누라, 집사람이란 말을 쓰지 않고 다들 와이프라 그런다. 와이프, 와이퍼, 나이프 헷갈린다. 혹시 자동차 와이퍼처럼 자주 바꾸고 싶은 것인가? 아내라는 말은 참으로 아름다운 우리말이다.

바흐는 전반적으로 종교적이고 근엄한 작품을 구사했지만, 때에 따라 또 숨은그림찾기 같은 아름답고 로맨틱한 곡을 도처에 숨겨 놓고 있다. 그래서 이런 것을 접하게 될 때 적지않이 놀라게 되고 또 전혀 어울린 것 같지 않은 그 요상한 초상화 모습이 떠오르기도 한다.

이렇게 바흐답지 않은 부드럽고 사랑스러운 곡 중에 〈아리오소〉란 곡이 있다. arioso란 이탈리아어로 '경쾌한, 유쾌한, 매력적인'의 뜻인데, 음악에서는 오페라나 오라토리오, 칸타타에 쓰이는 레치타티보의 중간이나 끝에 나오는 짧은 선율의 아리아풍 기악곡을 말한다.

바흐는 칸타타 156번 〈나는 한쪽 발을 무덤에 딛고 섰노라〉 중 1곡에 오보 독주가 있는 신포니아란 아리오소를 썼고 다시 이것을 오보 협주곡으로 만들었던 것으로 추정된다. 그러고는 다시 쳄발로 협주곡 BWV 1056 2악장 라르고에 쓰게 된다. 그래서 현재 바흐 아리오소란 쳄발로 협주곡의 느린 2악장 라르고를 말한다. 특히 첼로로 편곡된 것이 인기가 높고, 플루트나 오보로 그리고 바이올린 등으로 연주하는 경우가 많다. 이런 쳄발로 협주곡을 바흐는 모두 일곱 곡을 남기고 있으며 트레버 피노크의 연주가 추천할 만한 호연이다.

흔히 바흐를 '음악의 아버지'라 부른다. 독일은 아니고 일본에서 부르는 칭호인데 한 출판사에서 붙인 것으로 알려져 있다. 덕분에 우리도 종종 쓰고 있다. 또 헨델은 '음악의 어머니'라고 하는데 그의 가발 쓴 모습이 여자 같아서 어린애들은 둘이 부부인 줄 안다. 음악의 아버지, 음악의 어머니 모두 위대한 음악가임을 강조하는 말일 뿐이다. 실은 음악은 사생아다!

첼발로 협주곡 트레버 피노크

　원곡인 첼발로 협주곡도 좋지만 2악장 라르고를 첼로로 편곡한 것이 진한 감흥을 선사한다. 이런 첼로 연주로는 야노스 슈타커를 추천하게 되는데, 특이한 것은 슈타커 스스로 달콤한 소품류의 연주를 거부하는 이였기 때문이다. 특히 그는 노골적으로 생상 〈백조〉 같은 곡을 혐오한다고 했건만 소개하는 음반에는 백조가 실려 있어 갸우뚱하게 된다.

　사실 첼로의 연주곡목은 매우 제한적이다. 그래서 슈타커는 첼리스트로서 먹고살려면 다른 직업을 병행해야 한다고까지 말한 바 있다. 그만큼 연주할 곡이 매우 적다는 것인데 그래서 편곡이란 것을 하게 된다. 이에 소위 첼로 소품집이라는 달콤한 음악 모음집이 인기를 누리게 되는데, 이런 방면에서 최고 권위자(?)라면 미샤 마이스키를 든다. 그는 『첼리시모』, 『아다지오』, 『아다지에토』, 『꿈을 꾼 뒤』, 『에스파냐』, 『명상』, 『엘레지』, 『보칼리즈』, 『베스트 앨범』, 『첼리카티시모』, 『첼로 앙코르』, 『첼로의 꿈』까지 무려 12종에 이른다. 나는 소품집의 대가라 칭한다. 가장 인상적인 것은 『베스트 앨범』으로 한복을 입은 모습은 마치 총을 든 배우 람보 실베스터

스탤론 같아 깜짝 놀란 적이 있다. 이렇게 많은 첼로 소품이 있는 것이 아니라 대부분 편곡이다.

『앙코르 앨범』

반면 야노스 슈타커는 단 두 종의 소품집만을 내놓은 바 있다. 『앙코르 앨범』과 『비르투오소 첼로 음악』이다. 그 역시 음반을 통해 수입을 얻기 위한 목적도 있었지만, '코다이 무반주 첼로 소나타'가 소위 대박이 났기에 무리하게 소품집을 양산할 필요는 없었다. 그의 저택에는 이런 말이 있다고 한다. "이 수영장은 코다이가 만들어 준 것임."

슈타커는 빛나는 대머리의 강직한 외모와 더불어 엄한 카리스마 넘치는 첼리스트로 알려져 있는데, 내한 공연에서 바흐 무반주 모음곡을 들은 적이 있다. 그가 무대에 나왔지만 어떤 관객이 잡담을 그치지 않았다. 그냥 연주를 시작할 수도 있었지만 그는 달랐다. 그를 쬐려 보며 손을 입에 갖다 대며 "쉬이~" 소리를 냈다. 장내에 일순간 정적이 흐르고 바흐 연주가 시작되었다. 근엄하기로는 둘째가라면 서러운 그였다. 이런 그였지만 실은 연주 전 무대 뒤에서 담배를 피우며 긴장을 감추지 못했다고 한다.

그래서 담배를 못 피우게 하는 공연은 취소했다고 한다.

그렇다면 이런 그가 남긴 소품집 『앙코르 앨범』은 어떨까? 짐작하겠지만 절대 호락호락하지 않다. 그렇다면 좋지 않다는 말인가? 그는 첼로 음악이 영화음악처럼 달콤하게 되는 것을 극도로 싫어했다. 그러기에 연주는 소품이지만 특유의 긴장감과 경직을 선보인다. 그런데 이게 자꾸 들으면 마음에 서서히 다가서기 시작하는 것이 아닌가?

첫 곡은 W.F. 바흐의 그라베(크라이슬러 작곡, in the style of)로 시작해 그 분위기를 잡아가는데, 특히 중간에 수록된 바흐 〈아리오소〉에 이르면 그 근엄한 분위기 속에 한없이 부드럽고 아름다운 감흥이 펼쳐진다. 마치 시간이 멈춘 듯. 순간 바흐의 엄격함 속의 부드러움이 엄습하며 진하디진한 감동을 전한다.

『비르투오소 첼로 음악』

# 미완의 오보 칸틸레나

## 바버 〈칸쪼네타〉

홈버트 루카렐리 오보, 도널드 스피스 지휘

오늘날 우리가 주로 듣는 클래식 곡들은 바로크, 고전, 낭만파가 주를 이룬다. 시대로 말하면 16~19세기이고 작곡가로 말하면 비발디. 바흐, 헨델, 하이든, 모차르트, 베토벤, 슈베르트, 브람스, 슈트라우스 정도까지라고 할까? 흔히 현대음악이라는 난해하고 불협화음이 있는 것들은 귀에 들어오지 않아 잘 듣게 되지 않는다. 20세기 작곡가 중 인기 있는 이가 있는가?

그렇다면 현대 작곡가들은 예전 곡들과 같은 명곡들을 작곡하지 못하는 것이지, 아니면 하지 않는 것인지? 모를 일이다. 또 아니면 아무리 노력해도 바흐, 모차르트, 베토벤 등을 능가할 수 없기에 아예 다른 수법인, 말하자면 듣는 이가 잘 이해 못 하게 곡을 일부러 만드는 것이 아닐까? 그래서 현대음악은 어렵다고들 한다. 혹시 벌거숭이 임금님은 아닐까 하는 생각마저도 가져 본다. 이런 말이 있다. 음악회 연주곡목 중에 빈악파로 불리는 쇤베르크, 베베른, 베르크의 작품 하나만 넣으면 관객은 반으로 줄고 만다.

새뮤엘 바버란 작곡가는 1910년 태어난 1981년 세상을 떠난 20세기 현대 작곡가라 볼 수 있겠다. 그것도 유럽인이 상놈의 나라라고 하대하는 미국 작곡가다. 그의 기법은 분명 현대적인 것도 있지만 난해하지 않다. 19세기 어법을 보여 준 신낭만주의라 칭한다. 한때 스트라빈스키를 영향을 받기도 했지만 불협화음을 억제하며 어떤 경우에도 서정성을 해치는 일은 없었다. 오히려 그를 우리 시대의 브람스라 부를 정도인데, 특히 대표작 〈현을 위한 아다지오〉는 듣는 이에게 깊은 감명을 주는 명곡으로 자리한다. 소위 2대 아다지오 명곡으로 칭송되는.

바버는 일곱 살에 작곡을 한 소위 천재였지만 의사였던 아버지와 피아니스트인 어머니는 엉뚱하게도 그가 미식축구 선수가 되길 원했다고 한다. 물론 본인은 끔찍하게 여겼다. 이런 그가 젊은 시절 아메리칸 로마 대상을 타서 이탈리아로 유학을 다녀온 적이 있는데, 이 시기에 작곡된 것이 바로 〈현을 위한 아다지오〉로 이탈리아 지휘자 토스카니니의 의뢰가 있었던 것이다.

로마 대상(Prix de Rome)은 원래 프랑스에서 1663년 루이 14세 때 시작된 예술가의 이탈리아 국비 유학 제도로 소위 로마를 배우는 기회다. 유명한 작곡가들은 거의 로마 대상 출신으로는 베를리오즈, 드뷔시, 비제, 구노, 마스네가 있다. 반면 라벨은 네 번의 응모에도 타지 못해 상이라는 의미를 다시금 생각게 한다. 소위 라벨 사건이라 하는. 이런 로마 대상은 1968년 앙드레 말로가 문화부 장관 시절 폐지했는데, 더 이상 로마를 배울 필요가 없다고 생각했는지 모르겠다. 아니며 그가 말한 '국가는 예술을 감독하기 위해서가 아니라 예술에 봉사하기 위해서 존재한다'란 신념에 서인지.

이런 로마 대상이 미국에도 있었는데 미국도 로마를 배우고 싶었기 때문이다. 그들이 말하는 로마 제국이 미국이요, 뉴욕이 로마라는 생각에서. 이 상은 아직도 건재하는데 로마를 아직 덜 배워서인가? 어쨌든 미국의 생각은 그렇다.


〈현을 위한 아다지오〉란 곡이 워낙 좋아 바버의 다른 좋은 곡을 찾게 되는데, 바이올린 협주곡이 명작으로 특히 2악장 안단테 선율이 압권인 명곡이다. 이에 다시 기대를 하고 피아노 협주곡과 첼로 협주곡을 들어 보았지만 바이올린 협주곡 같은 감흥은 없었다. 시기로 보면 20대 말에 바이올린 협주곡을, 30대에 첼로 협주곡을 그리고 50대에 피아노 협주곡을 남겼지만 서정성은 바이올린 쪽이 단연 앞선다.

이런 그가 예순여덟 살 말년에 뉴욕 필하모닉의 오보 주자인 해럴드 곰버그의 의뢰로 오보 협주곡을 만들기로 한다. 특이한 것은 앞선 세 악기 협주곡의 느린 악장에는 모두 오보 독주가 들어가 있었다는 사실이다. 혹시 브람스의 바이올린 협주곡 2악장을 염두에 두었던 것은 아닐는지.

한편 오보란 악기는 밀도 높은 음색과 촉촉한 질감을 통해 자신만의 목소리를 낼 수 있음에도 불구하고 피아노나 바이올린처럼 오케스트라를 돌파하여 압도하는 그런 힘은 지니지 못했다. 하지만 오보는 긴 서정적인 선율을 통한 특유의 쓸쓸한 감정의 미묘함을 뛰어나게 보여 준다.

바버는 작곡에 착수하였지만 지병으로 전 3악장으로 완성하지 못할 거라는 것을 알았기에 2악장 〈칸쪼네타〉에만 집중했고, 이마저도 이른 죽음으로 완성하지 못하게 되고 결국 미완성으로 남게 된다. 참고로 그의 피아노 협주곡 2악장도 이탈리아 노래인 칸쪼네이며, 차이코프스키 바이올린 협주곡 2악장이 칸쪼네타다.

이에 바버에게 체계적으로 작곡을 배운 유일한 제자인 바이올리니스트 찰스 터너가 이를 완성하게 된다. 그는 바버 바이올린 협주곡을 독일에서 초연한 인물이기도 했다. 악보는 반주인 현악부가 거의 완성이라 터너가 곡을 완성하는 데는 별 어려움은 없었다.

그래서 바버가 1981년 1월 세상을 떠난 뒤 11월에 곰버그의 오보로 주빈 메타가 지휘하는 뉴욕 필하모닉에 의해 초연된다. 그리고 유작으로 작품번호 48이 붙여진다. 이런 '칸쪼네타'는 짧은 단악장이지만 서정적이고 감성적 선율이 압권이라 숨겨진 오보 명곡으로 자리한다. 곡상이 워낙 뛰어나 전곡이 완성되었더라면 바이올린 협주곡과 쌍벽을 이루는 명작이 되었을 것이다. 느린 2악장이 좋은 곡치고 명곡이 아닌 곡이 없다는 것이 나의 지론이다.


홈버트 루카렐리는 미국을 대표하는 최고의 오보 주자로 존 코릴리아노의 오보 협주곡을 초연하기도 하였다. 그의 1990년 연주는 이 곡의 가장 앞선 최초 녹음으로 알려져 있는데 그 수준 역시 최고를 자랑한다. 시작부터 현악의 진한 울림이 가슴을 파고드는데, 이어지는 오보 독주는 가슴을 뭉클하게 한다. 특히 촉촉한 시정의 다가섬이 일품이다. 더불어 중간에 현악의 윤기 있는 촉감이 감성의 깊이를 더한다. 협연을 맡은 레하이 밸리 실내악단은 지휘자 도널드 스피스가 1967년 펜실베이니아 모라비안 대학교에 만든 오케스트라다.

이런 이들의 연주는 마치 가을날의 고적과 우수 그리고 애틋한 낭만의 향기가 미소 짓는다. 작곡가 만년의 깊디깊은 슬픔이자 바버 자신의 완전한 정체성을 드러낸 마지막 유작이다.

추천할 만한 다른 연주로는 미국 출신 여성 지휘자 마린 올솝이 지휘하는 스코틀랜드 국립 관현악단과 동 악단의 수석 주자인 스테판 랜코트의 오보 독주다. 클래식 음악계에서 보기 드문 것이 두 가지 있는데, 하나는 여성 지휘자이고 또 하나는 흑인 연주가이다. 정확한 이유는 잘 모르겠지만 문화적 차이와 특성 때문이 아닐까 짐작해 본다.

이 연주 역시 곡이 지닌 느긋한 평화로움과 여유 그리고 우울함의 정감이 전편을 휘감는다.

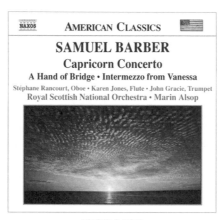

마린 올솝 지휘

# 과거로의 추억 여행

### 케텔비 〈페르시아의 시장에서〉

앨버트 케텔비 지휘

아랍풍의 〈페르시아의 시장에서〉란 곡으로 유명한 작곡가 케텔비(Albert Ketèlbey)의 이름을 한 번쯤은 들어 보았을 것이다. 엄밀히 말해 케텔비는 정식 클래식 음악 작곡가는 아니다. 소위 가벼운 클래식이라고 하는 경음악 작곡가다.

그는 영국 버밍엄 출신으로 열한 살에 작곡한 피아노 소나타가 엘가의 격찬을 받을 만큼 음악적 재능이 뛰어났다. 열세 살에 빅토리아 여왕 장학금을 받으며 트리니티 음악 대학에서 공부했으며, 열여섯에는 세인트 존스 교회 오르간 주자가 된다. 그의 아버지는 진지한 클래식 음악가가 되길 원했다. 그래서 그는 가명을 써가며 진지한 피아노 협주곡 등을 쓰기도 했고 쇼팽을 연주하는 피아니스트나 암스테르담 콘서트헤보우 오케스트라 지휘 경력도 가지고 있다. 참고로 콘서트헤보우는 네덜란드어 'Concertgebouw' 즉 콘서트홀을 말한다. 그래서 요즘은 콘체르트허바우라 하는데 꼭 고바우 영감 같아 나는 그냥 편하게 콘서트헤보우라 적는다.

하지만 마흔 살에 발표한 〈수도원의 뜰에서〉가 공전에 인기를 누리며 악보만도 백만 부 이상 팔리며 그를 일약 유명한 경음악 작곡가로 만든다. 이후 그는 극장 지휘자, 음악감독, 영화음악 작곡가로 활동하며 엄청난 부와 명성을 쌓는다.

그는 수백 곡을 작곡하였고 이 중 오케스트라를 위한 관현악곡이 주를 이룬다. 최고 작품이라면 역시 〈페르시아의 시장에서〉다. 페르시아란 현재 이란을 말하며 작곡 당시인 1920년대에는 페르시아라 불렀다. 간주곡이란 부제가 붙은 이 곡은 페르시아 시장의 흥청거림을 이국적으로 표현한 것으로, 특히 낭만적인 공주의 선율은 듣는 이를 고대 페르시아 시대로 이끈다. 하지만 당시 평론가들은 '불후의 작품'이라고 하면서도 한편으로는 품위가 없고 저속하지만 즐거운 곡이라며 비난하였다. 또 '순수하고 싸구려인 사이비 동양주의'란 빈정거림도 있었다.

당시 대중음악의 태동기인 시절 그의 작품은 전통적인 클래식이 아닌 가벼운 것이었고 이게 비난의 대상이 되었던 것이다. 하지만 이전의 비엔나 왈츠나 오페레타와 같은 성격으로 본다면 큰 무리가 아닐 수도 있다. 더군다나 아주 편하고 대중적인 성향은 오히려 많은 이들의 사랑을 받게 되는 결정적인 계기가 된다. 또한 그의 음악에는 동양적인 것이 많은데 서양 사람들의 동양에 대한 동경 내지 부러움을 표현한 것이기도 하다.

오늘날의 관점에서 본다면 케텔비 음악이 클래식이냐 아니면 대중음악이냐를 따지기가 참으로 애매하다. 음악사전인 글로브(Grove) 사전에는 소개되어 있는데, 이 책은 영국의 토목 기술자인 조지 글로브가 만든 것으로 최고 권위를 자랑하며 무려 29권에 이르는 방대한 양이다. 또한 명반 안내서인 『펭귄 가이드』나 『명반 대전』에도 등재되어 있고 나의 책 『미메시스 클래식』에도 올려놓았다. 하지만 명곡 해설 전집에는 없다. 정말 애매하지 않은가? 그래서 나는 말 그대로 가벼운 클래식이라 하고 싶다. 물론 바흐나 베토벤의 진지한 음악도 좋지만, 어느 날은 단추를 몇 개 푼 편안한 음악이 좋을 때가 있다. 이럴 때 절묘하게 맞은 음악이 케텔비다. 하지만 아쉽게도 엄청난 음반 발매 수 543종을 자랑하는 명장 지휘자 카라얀은 연주하지 않았다. 역시 카리스마 지휘자인 그답다.

알렉산더 패리스 지휘

그렇다면 연주가들을 살펴보자 소위 전통 클래식 지휘자들의 연주는 드물다. 먼저 아서 피들러를 비롯하여, 알렉산더 패리스, 존 랜치베리, 에릭 로저스, 로날드 코프 등이다. 클래식의 낯익은 이들은 아니다.

가장 대표적인 연주로는 역시 패리스(Alexander Faris)를 든다. 주로 영화음악이나 뮤지컬에서 유명한 지휘자로 연주 악단 역시 런던 프롬나드 오케스트라다. 〈어느 수도원의 뜰에서〉에서는 새소리, 〈은행의 휴일〉에는 달그락거리는 소리, 〈시계와 드레스덴 인형〉에 타악기 등 효과음을 넣어 유쾌함을 전한다. 유명한 〈페르시아의 시장에서〉는 한적한 동양풍을 그리며 낭만적인 공주 선율은 차분한 서정을 전한다. 특히 관현악 합주가 아닌 첼로의 느린 독주로 연주하여 그 분위기를 더 애절하게 표현한다. 또한 반복 시에는 클라리넷과 바순의 독주를 첨가한다. 더불어 이어지는 곡은 〈신비의 땅 이집트〉를 배치하여 같은 주제의 감흥을 되살린다. 현대적인 감각을 바탕으로 한 부드럽고도 편한 연주이다.

존 랜치베리 지휘

다음으로는 존 랜치베리(John Lanchbery)인데 그는 당대 최고의 발레 지휘자였으며 로열 발레단 지휘자로 활약하였다. 연주한 악단은 필하모니아(The Philharmonia) 오케스트라인데 앞 지명이 없어 이상한 이름 같지만, 실은 1945년 EMI 제작자인 월터 레그가 만든 악단이다. 이 악단을 지휘한 이들은 카라얀, 토스카니니, 푸르트벵글러, 클렘페러, 비첨 같은 쟁쟁한 명인들이 거쳐 간 단체이다. 첫 곡 〈페르시아의 시장에서〉 연주가 역시 백미인데 다채로운 표현과 풍부함을 통해 곡의 묘미를 한껏 전한다. 특히 낭만적 공주의 선율은 듣는 이를 고대 페르시아로 데려간다. 여타 곡 역시 이국적인 향수를 불러일으키는 매력이 가득하기만 해, 과거로의 낭만 여행을 떠나는 감흥에 사로잡힌다. 그리고 마지막 곡인 〈마음의 안식〉이 대미를 거룩하게 장식한다. 케텔비 음악이 갖는 모든 것을 보여 주는 연주이다.

한편 작곡가인 케텔비 자신도 녹음을 남기고 있는데 모두 모노 녹음이다. 하지만 작곡자의 연주라는 데 의의가 깊다. 이런 녹음은 말 그대로 과거로 돌아가는 듯한 향수에 젖게 된다. 유명한 〈페르시아의 시장에서〉는 구식이지만 그 예스러운 소박함이 진한 정겨움을 전한다. 더불어 공주를 묘사한 낭만적인 주제가 잔잔한 여운을 남긴다. 특히 클라리넷 합주를 강조하여 가벼운 분위기를 한껏 조성한다. 참고로 이 음반에는 헨리 길이 지휘하는 〈어느 수도원의 뜰에서〉가 수록되어 있는데, 특별히 오스카 내츠카의 베이스 독창이 첨가된 편곡으로 감미롭고 깊은 감흥을 선사한다.

케텔비 음악은 마치 무성 영화 시대인 과거로의 추억 여행 같은 향기를 전하는데, 진지한 클래식은 아니지만 시대가 지나도 잊히지 않는 귀에 착 감기는 선율이 인상적이다. 마치 음악적 사랑을 꿈꾸게 하듯 사람들의 마음을 슬그머니 끌어당긴다.

# 칼멘의 패러디
## 라흐마니노프의 아다지오 악장

라흐마니노프 교향곡 2번

교향곡이나 협주곡의 중간 악장은 대개는 느린 것이 많다. 빠르기 지시어로 하면 아다지오(adagio)나 안단테(andante)가 그것이다. 이런 지시어는 이탈리아어이고 악장의 이름이 아니라 악보에 표시된 시작의 빠르기다. 그래서 흔히 악장을 부를 때 쓰게 된다. 2악장 아다지오 악장 등등.

이런 느린 악장은 아름답고 서정적인 것이 유독 많은데 특히 라흐마니노프의 것은 일종의 아리아인 노래 같은 것이 있다. 그것은 교향곡 2번의 3악장과 협주곡 2번의 2악장 아다지오다. 또한 이 곡에는 라흐마니노프의 개인적인 큰 사건과 관련이 있다.

그는 스물네 살에 완성한 교향곡 1번을 상트 페테르부르크에서 글라주노프의 지휘로 초연한다. 그런데 당시 모스크바와 상트 페테르부르크 악파 간의 반목이었는데, 라흐마니노프는 상트 페테르부르크 음악원을 다니다 모스크바 음악원으로 옮겼다. 그래서 아무런 사심 없이 상트 페테르부르크에서 자신의 첫 번째 교향곡 초연을 추진한다. 속된 말로 남의 나와바리에서 초연을 감행한 그런 것이었다. 그런데 지휘를 맡은 글라주노프는 술을 마시고 즉 음주 지휘를 하였고, 러시아 5인조의 한 사람인 세자르 큐이는 악평으로 결정타를 날리게 된다. "지옥에서 작곡 경연 대회가 열린다면 라흐마니노프 교향곡 1번이 1등을 차지할 것이다"라고. 너무도 심한 악평이 아닌가? 이에 마음이 여린 라흐마니노프는 큰 상처를 받게 되고 우울증이나 신경쇠약에 시달리는 등 인생의 암흑기에 갇히게 된다. 심지어는 작곡을 포기하고 지휘자로 전향하려고까지 했다.

이런 시기 그는 구세주 같은 사람을 만나게 되는데 비올라를 연주하는 음악 애호가이자 정신과 의사인 니콜라이 달 박사였다. 그는 최면 요법으로 라흐마니노프를 성공적으로 치료하였고 라흐마니노프는 다시금 마음을 다잡고 작곡에 임하게 되고 그래서 탄생시킨 것이 피아노 협주곡 2번이다. 이에 곡을 달 박사에게 헌정한다. 이런 기세를 몰아 또 다른 명작을 만들게 되는데 그것은 교향곡 2번이다. 악몽과도 같은 1번에 뒤를 이은 2번이었고 작곡 시기 중간에는 사랑하는 사람과 결혼까지 하게 된다.

이렇게 어려운 시기를 극복하고 탄생한 두 곡에는 아름답고 행복한 곡상이 담기지 않을 수 없다. 협주곡 2번의 2악장 아다지오는 그의 장기인 서정성이 십분 발휘된 것으로 애달프고도 감미로움이 끝없이 펼쳐진다. 한편 교향곡 2번의 3악장 아다지오는 쨈과 벌꿀을 덕지덕지 뒤바른 것이란 비아냥이 있을 정도로 그 달콤함이 극치를 이루며 황홀경을 선사한다.

이런 것을 놓치지 않고 여기에 노래를 붙인 이가 있었으니 그 이름은 비제 오페라 주인공과 같은 이름의 가수 에릭 칼멘이다.

1975년 발표한 〈All by myself〉는 협주곡 2번을, 1976년에 발표한 〈Never gonna fall in love again〉은 교향곡 2번의 아다지오를 토대로 만들어진 것이다. 팝송이니 그 인기는 어떠했을까? 미리 짐작했겠지만 이미 클래식 명곡이 된 터라 팝송으로 히트가 될 것은 뻔한 이치였다. 결과는 떼어 놓은 당상과 같은 큰 성공! 참으로 똑똑한 가수가 아닌가 싶다. 어렵게 좋은 곡을 힘들게 만들 것이 아니라 클래식 명곡을 그대로 가져다 쓰자란 생각이다. 그것도 한 곡이 아닌 두 곡씩이나. 이런 배경에는 그가 학창 시절 클래식을 공부한 적이 있기 때문이기도 했다. 그리고 당시 라흐마니노프 측에게 저작권이 살아 있어 에릭 칼멘은 저작료를 지불했다고 한다. 아마 지불한 저작료보다 노래로 받은 저작료가 몇 곱절은 되고도 남았을 것이다. 〈All by myself〉는 셀린 디옹의 리메이크까지 있을 정도니.

원곡인 협주곡과 교향곡의 명연주로는 블라디미르 아쉬케나지 것을 든다. 협주곡과 교향곡이지만 아쉬케나지는 피아니스트로 활동하다 나중에는 지휘자로도 활동했기에 두 곡 모두 연주를 남긴다. 어떤 이는 자신의 악기를 연주하다 별 볼 일 없다 싶어 지휘자로 전향하는 수도 있건만 아쉬케나지는 아니다. 그는 이미 피아니스트로서 콩쿠르 3관왕이었는데 쇼팽 콩쿠르 2등(실은 1등이나 진배없다), 엘리자베스 콩쿠르 1등, 차이코프스키 콩쿠르 1등을 거머쥔 이다. 또한 1970년대 구소련으로부터 망명하여 아이슬란드 국적을 취득했는데 국적법을 따로 개정했다고까지 한다. 말하자면 당시 화제의 인물이자 최고의 피아니스트였다.

이런 그가 우리나라에 여러 번 내한했는데 한 번은 KBS에 출연한 적이 있었다. 당시에 아쉬케나지 정도면 KBS 사장이 나가야 하는 것이 아니냐는 볼멘소리를 들은 적이 있다. 그런데 나중에 보니 웬 트로트 가수가 오니 사장이 나오는 것이 아닌가? 요즘은 그렇지 않지만 과거 유진 오먼디가 내한할 당시에는 서울시장이 만찬을 베풀었다고 한다. 카라얀의 경우는 독일 대사의 만찬을 거절했다고 하고.

아쉬케나지는 세 번의 협주곡 2번 녹음을 남기고 있고 어느 것이나 만족스러운 명연으로 기록되는데 마지막 하이팅크와의 협연을 추천한다. 한편 그는 1970년대 말 지휘도 겸하기 시작했고 나중에 나이가 들어서는 지휘에만 전념한다. 이런 그가 라흐마니노프 교향곡 전집도 암스테르담 콘서트헤보우 오케스트라와 내놓게 되는데 2번은 최고 명연으로 명성이 높다. 특히 유명한 아다지오는 도취적 탐닉의 감미로움을 전해 준 것으로 유명하다.

라흐마니노프 피아노 협주곡 2번

라흐마니노프의 서정성은 노래로 불릴 만큼 뛰어난 친숙함을 지니는데 그래서 그의 가곡집에 있는 〈보칼리즈〉라는 곡이 널리 알려져 있다. 원래 작품 34의 가곡 중 14번 곡으로 제목 그대로 가사가 없이 모음만으로 노래하는 곡이다. 근데 이것을 '보칼리제'라고 발음하는데 이는 잘못이다. 'vocalise'란 불어로 모음이란 뜻이다. 추측건대 콩글리시나 아니면 이탈리아식 발음이 아닐까 한다. 그런데 다들 보칼리제라고 한다.

　원곡은 성악곡이지만 관현악, 바이올린, 첼로, 오보 등 여러 다른 악기 편곡들도 존재하는데 필자는 특히 피아노 편곡을 가장 좋아한다. 아마도 라흐마니노프가 곡을 쓸 때 먼저 피아노 악보를 만들고 다시 편곡했을 것이다. 이에 피아니스트 졸탄 코치쉬는 피아노 독주로 된 자신의 편곡을 내놓게 된다. 이를 들어 보면 앞서 말한 라흐마니노프만의 그 탁월한 서정성이 듣는 이의 마음에 살포시 다가선다. 참으로 고혹스럽기 그지없다. 연주는 코치쉬 자신이 녹음한 것이 나와 있다.

〈보칼리즈〉 피아노 편곡 연주

# 첼로 두 대를 위한

## 비발디 첼로 협주곡

폴 토르틀리에

　흔히 멋진 악기로 알려진 첼로의 정식 명칭은 비올론첼로(Violoncello)
이다. 한편 비올로네(violone)란 악기는 비올(viol)에 크다란 'one'가 합쳐
져 큰 비올이란 것인데, 여기에 작다는 'cello'가 합쳐져 결국 작은 비올로
네란 뜻이 된다. 비올로네가 더블베이스에 해당되니 이보다 작은 것이 첼
로가 된다. 이런 첼로는 비올라 다 브라치오에서 파생된 바이올린족 악기
다. 참고로 viol은 찰현악기, braccio는 팔을 뜻한다. 많이 어렵다~

　바로크 시대에 바이올린족(4현)과 비올족(6현) 악기가 서로 양립하며
경쟁 구도를 이루었는데, 바이올린족 악기인 첼로는 비올족 악기인 비올
라 다 감바에게 밀리는 처지였다. 이렇게 비올족의 인기가 높았고 레오나
르도 다 빈치는 감바의 명수로도 알려진다. 그러나 나중에는 비올족보다

는 바이올린족이 대세가 되어 오늘날에 이른다. 바이올린, 비올라, 첼로, 더블베이스로 정착되는. 그래서 엄밀히 말해 첼로의 전신 악기가 비올족 악기인 비올라 다 감바는 아니다.

바흐는 첼로와 비올라 다 감바 각각의 곡을 따로 작곡했는데 '무반주 첼로 모음곡', '비올라 다 감바 소나타'가 그것이다. 두 악기가 같이 양립했다는 얘기다. 하지만 당시 작곡가 요한 그라우프너는 첼로를 '어렵고 문제가 많은 악기'라 했다. 말하자면 첼로는 바로크 시대나 고전파 시대에 인기 있는 악기가 아니었다. 이에 고전파 시대 첼로 작품이 드물고 특히 협주곡 작품은 희귀할 정도였다. 하이든은 두 곡의 협주곡을 남겼지만, 모차르트는 첼로를 위한 그 어떤 곡도 남기지 않았다. 베토벤, 슈베르트, 멘델스존, 브람스 역시 협주곡이 없다.

하지만 드보르작 협주곡 이후 첼로란 악기의 위상은 크게 높아지고 급기야 오늘날에는 매우 인기 높은 악기로 등극하기에 이른다. 더불어 똥폼을 잡기에 가장 적합한 악기로도 자리한다.


'협주곡의 왕'으로 불리는 비발디는 무려 450여 곡의 협주곡을 작곡하였고 종류만도 무려 열세 가지에 이른다. 이게 다가 아니다. 두 대의 바이올린, 첼로, 플루트, 오보, 트럼펫, 호른, 만돌린 협주곡이 있고 여기에 다른 악기의 조합까지 있다. 예를 들어 한 대 바이올린과 두 대 첼로 등등 심지어는 네 대 바이올린과 첼로도 있다. 생각할 수 있는 모든 조합의 협주곡이 등장한다. 이런 것을 보면 비발디의 음악적 능력이 과연 어디까지일까 하는 생각마저 들곤 한다. 하지만 비올라 다 감바를 위한 작품은 남기지 않았다. 사라질 것을 알았나?

앞서 첼로는 특히 협주곡에는 젬병이었고 그래서 협주곡 작품이 매우

.

드물다고 했는데, 비발디는 무려 스물일곱 곡을 남기는 기염을 토했고, 여기에는 두 대 협주곡 RV 531까지 포함된다. 첼로 두 대라는 희한한 편성은 그 예가 드물지만 곡상이 매우 뛰어나 숨겨진 명곡으로도 손색없다. 참고로 이런 다중 편성으로는 바이올린 두 대 첼로 두 대, 바이올린 한 대 첼로 두 대, 바이올린 한 대 첼로 한 대가 있다.

여기서 RV는 덴마크 음악학자인 피터 리옴(Peter Ryom)이 정리한 작품 목록(Ryom Verzeichnis)인데 그는 1973년부터 74년, 77년, 86년 정리하였고 그 수가 826에 이른다. 그래서 현재는 네 종류인 Op, P, F, RV의 작품 목록 중 가장 권위를 인정받아 대표적인 작품 목록으로 사용된다. 참고로 '두 대 첼로 협주곡'의 작품번호는 Op. 58-3, P 411, F III 2, RV 531의 네 가지가 존재하는 셈이다.

비발디 협주곡의 특징은 모두 3악장으로 빠르고 느리고 빠른 편성을 취한다. 더불어 그 연주 시간이 악장마다 3, 4분 내외라 전곡은 10분 남짓이다. 4분이라는 시간은 팝이나 대중가요의 시간과 일치하며 이런 시간은 사람이 지루함을 느낄 겨를이 없다.

이런 협주곡은 빠르게 시작하지만 1악장은 4분 내외로 금세 끝난다. 그러고는 느린 악장이 등장하여 약간의 졸음을 유발하지만 이마저도 바로 끝나고 다시 경쾌한 3악장으로 마무리된다. 너무도 절묘한 조합이 아닌가? 장황하여 졸 수 있는 여지가 아예 없다. 특히 바로크 시대 음악으로는 이례적으로 느린 악장에 페이소스를 넣었는데, 이런 것이 감정적인 호소로써 사람들을 뭉클하게 만든다. 이런 최고의 작품으로 여기 '두 대 첼로 협주곡'을 꼽을 수 있는데 첼로 협주곡 스물여섯 곡 모두를 들어 본 결과다.

첫 악장 빠른 알레그로는 두 대 첼로가 바로 등장하며 경쟁과도 같은 대화를 묵직하게 이어나간다. 더불어 비발디 특유의 열정적 쾌활함이 같이 한다. 이어지는 느린 라르고 2악장은 무언지 모를 비발디만의 개인적인 슬픔을 담고 있는데, 감성적인 대화를 통한 내면의 평화를 이룩한다. 가슴 뭉클한 악상이 아닐 수 없다. 마지막 3악장 빠른 알레그로는 경쾌한 분위기의 두 대 첼로의 격함이 신명 난다.

이런 곡의 좋은 연주로는 폴 토트를리에와 그의 부인 모드 토르틀리에 것을 들 수 있다. 필립 레저의 생기에 찬 풍부한 지휘를 바탕으로 첼로의 넉넉한 울림은 비발디 음악이 지닌 다채로운 감성을 남김없이 발산한다. 더불어 부인인 모드와 같이 펼치는 대화와 같은 연주가 사랑스러운 부부의 모습 같아 사뭇 흐뭇하기만 하다. 특히 느린 라르고 악장은 애수에 젖은 구슬픔이 눈물을 자아내는데 무언지 모를 고독감마저 남기는 아름다운 흔적이다. 더불어 같이 수록된 RV 424의 라르고에서 들려주는 애달픈 필치가 가슴을 적시며, RV 401 3악장 알레그로의 유연한 흐름도 우울하지만 마음을 정겹게 한다.

『비발디 콘체르티』 파비오 비온디

다음으로 추천하는 것은 파비오 비온디가 지휘하는 유로파 갈란테의 시대악기 연주다. 시대악기는 예전에는 정격연주라 불렸는데, 그렇다면 다른 모든 연주가 비정격이냐 해서 지금은 시대악기로 부른다. 이런 시대악기의 특징은 고악기를 사용하고 없다면 복원된 악기를 쓴다. 특히 현악기는 금속제 줄이 아닌 양의 창자로 만든 부드러운 거트 현을 쓴다. 그리고 음의 비치 즉 우리가 오케스트라 공연을 가면 연주 시작 전 오보 주자가 A(라)음을 불면 이를 따라서 다른 악기들이 음의 높이를 맞추는 것을 볼 수 있다. 이 음의 높이가 통상은 442Hz 내외이지만 시대악기는 이보다 낮은 435~439Hz에 맞춘다. 옛날에는 음의 높이가 낮았다는 것인데, 지금은 이보다 높게 가져가는데 이렇게 하면 미세한 차이이지만 음악이 더욱 생동감 있게 들린다. 그리고 가장 중요한 것은 음의 떨림이라고 하는 비브라토를 쓰지 않는다.

이렇게 되면 시대악기 연주는 고풍스럽지만 다소 건조한 것이 되고 만다. 그래서 시대악기 연주가들은 다른 편법을 쓰는 것 같다. 빠른 빠르기와 다채로운 억양을 강조하는 것이 그것인데, 이런 탓에 역설적이게도 오히려 현대적으로 들린다.

〈사계〉 연주에서 파격을 선보인 비온디는 이 곡에서도 빠른 속도의 경쾌함을 드러내며 고악기만의 매력을 한껏 발산한다. 이런 탓에 느린 라르고의 정서감이 다소 희석되지만, 그 특유의 애절함은 여전해서 또 다른 비발디 음악만의 쾌감을 극명하게 전한다. 이런 비온디의 연주를 듣노라면 특별난 신부님 비발디만 매력에 한발 더 다가감을 느끼게 된다.

곡이 수록된 음반의 제목은 『비발디 콘체르티(Concerti)』즉 협주곡집으로 '두 대 첼로 협주곡'을 비롯하여 모두 여덟 곡을 담고 있다. 특히 첫 곡인 바이올린 협주곡 RV 281은 1악장 알레그로가 워낙 인상적인 감흥을 전하는데, 그래서 예전 모 레코드방에서는 이 부분을 들려주어 이 음반을 수백 장 넘게 팔았다고 한다. 더불어 음반의 표지 역시 이들 대변이나 하듯이 강렬한 인상을 전한다.

혹시 첼로 협주곡 스물일곱 전곡을 듣기 원한다면 라파엘 월피쉬의 연주는 권한다. 모두 네 장의 CD이지만 듣는 내내 결코 지루함은 없다. 이 연주는 최초 전곡 녹음인데, 이보다 앞서 오프라 하노이는 1980년대 스물두 곡의 녹음을 남긴 바 있다. 이런 하노이는 한때 인기 높은 미모의 첼리스트였다. 하지만 그녀의 내한 연주를 다녀온 이들은 가슴만 보고 왔다는 말을 남겼는데 아쉽게도 실력이 미모만 못했던 것이다. 여담인데 당시 현대백화점 측에서 그녀의 공연을 추진하면서 내게 자문을 구한 적이 있는데, 나 역시 그녀를 좋지 않게 평가해 공연이 취소되어 미안했던 기억이 있다.

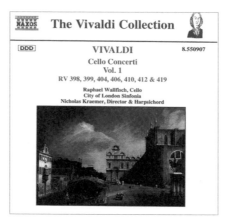

첼로 협주곡 전집 라파엘 월피쉬

# 사랑의 인사라고?

엘가 〈사랑의 인사〉

쌔라 장 데뷔 음반

　영국의 음악적 토양은 척박하다. 무슨 얘기냐 하면 역사적으로 내세울
만한 유명한 작곡가 없다는 것이다. 기껏해야 퍼셀, 본 윌리엄스, 홀스트,
브리튼 정도이기 때문이다. 그나마 엘가 같은 인물이 있어서 다행이라고
나 할까?

　이런 영국인들의 음악적 자존심을 지켜준 에드워드 엘가의 유명 작품
으로는 〈제론티우스의 꿈〉, 두 곡의 교향곡, 첼로 협주곡, 바이올린 협주
곡, 〈수수께끼 변주곡〉, 〈위풍당당 행진곡〉 등이 있다. 특히 오라토리오
〈제론티우스의 꿈〉은 리하르트 슈트라우스가 '대가의 작품'이라고 극찬한
바 있다. 그런데 가장 알려진 곡이라면 오히려 바이올린 소품 〈사랑의 인
사〉를 들곤 한다. 영국인들로서는 다소 낯간지러운 제목이다.

하지만 곡은 크라이슬러 〈사랑의 기쁨〉과 더불어 바이올린 소품 중 가장 유명한 명곡으로 자리한다. 더 흥미로운 사실은 〈사랑의 기쁨〉이 〈사랑의 슬픔〉과 짝을 이루듯, 〈사랑의 인사〉도 〈사랑의 말〉과 짝을 이룬다는 것이다.

엘가는 바이올린을 잘 다루었다. 열두 살 때 우스터 성당에서 헨델의 〈메시아〉 연주를 듣곤 바이올린을 배우기 시작했고, 젊은 시절에는 바이올린을 가르치거나 연주 생활을 하며 생계를 유지했다. 그래서 생애 처음으로 출판한 작품은 다름 아닌 바이올린곡 〈로망스〉 Op. 1이다. 이런 바이올린 대한 이해는 다른 곡에서도 잘 나타나며 마지막 작품에까지 영향을 미치게 되는 중심적 역할을 한다. 이런 바이올린 작품은 바이올린 소나타를 비롯하여 현악 4중주, 피아노 5중주 그리고 여러 다양한 소품들이 있는데, 그중 단연 빛나는 작품은 역시 〈사랑의 인사〉였던 것이다.

엘가는 사실 베토벤이나 모차르트와 같은 신동은 아니었다. 그는 우스터 근처의 자그마한 시골 출신이며 그의 부친 역시 악보 판매상으로 오르간 연주나 피아노 조율도 하는 그런 다목적 음악가였다. 어머니 역시 농장 노동자의 딸이었다.

그는 음악을 독학으로 배웠다. 그리고 독일로 가서 정식으로 음악을 배우려 했지만, 집안의 경제 형편상 되지 않았다. 스무 살에 런던으로 가서 바이올린을 배웠지만, 거장 연주가는 되지 못했고 본인도 그것을 깨달았다. 그래서 다시 고향으로 돌아와 여러 가지 음악 생활을 하게 된다. 이런 생활 중에는 드보르작이 영국을 방문하여 교향곡 6번과 〈스타바트 마테르〉를 연주할 당시 참여했던 소중한 경험도 하게 된다. 하지만 그는 무명의 가난한 음악가 수준을 벗어나지 못했다.

그러던 중 그는 스물아홉 살 때 캐롤라인 앨리스 로버츠(Caroline Alice

Roberts)라는 여성에게 피아노를 가르치게 된다. 이 여성은 엘가보다 9년 연상으로 경(Sir) 작위를 가진 장군의 딸이었고 책을 펴낸 작가이기도 했다. 하지만 이들은 서로 사랑하게 되어 약혼하게 되는데, 앨리스 집안에서는 하층의 무명 음악가이고 또 성공회가 아닌 가톨릭 신자라는 이유로 크게 반대하게 된다. 하지만 이들은 결혼하였고 엘가는 서른두 살, 앨리스는 마흔한 살이었다. 여자 나이 마흔이면 요즘은 괜찮지만 당시가 1800년대임을 생각하면 많이 오래된 여인이었다. 앨리스는 일기에서 '천재를 돌보는 일은 어떤 여성에게나 평생의 업과도 같다'라는 신념을 보였다고 한다.

결혼 후 이들은 런던으로 이사하였고 엘가는 열심히 작곡에 임하였다. 그리고 생활은 차차 나아지기 시작하였고 엘가 나이 마흔두 살에 발표한 〈수수께끼 변주곡〉을 통해 드디어 유명 작곡가의 반열에 오르게 된다. 결혼 10년 만의 일이다. 아마도 마누라 말을 잘 들어 떡이 생긴 것이 아닐까? 말하자면 좋은 아내를 맞아 작곡가로서의 인생이 서서히 잘 풀린 것이라 하겠다. 더불어 나중에는 작위까지 받는 영국을 대표하는 최고 작곡가로 당당히 군림한다.

이들은 서로 장래를 약속할 무렵 여행을 가게 되는데 앨리스는 몇 년 전 쓴 자신의 시 〈The Wind at Dawn〉을 〈Love's Grace〉로 제목을 바꾸어 선물로 주고, 이에 답례로 1888년 10월에 작곡하여 준 곡이 바로 〈사랑의 인사(Salut d'Amour)〉다. 곡의 출판은 결혼하는 해인 1889년 이루어졌고 바이올린과 관현악, 바이올린과 피아노 두 가지 편성이지만 지금은 바이올린 소품으로 주로 연주된다.

출판의 작곡료는 약혼 선물의 의미로 거의 공짜에 가까웠는데 악보 판매량은 엄청났다고 한다. 이에 엘가는 약간(?)의 후회를 했다고 한다. 곡의 제목은 앨리스가 독일어에 능숙해 독일어 〈Liebesgruß〉였지만, 출판사에서 판매를 촉진할 요량으로 뭔가 있어 보이게 불어로 바꾸게 된다. 덕분에 대박. 또 헌정자는 'à Carice'라고 되어 있는데, 이 역시 불어로 Caroline Alice를 조합한 것으로 후에 태어난 딸의 이름이 된다. 프랑스 즉 불란서의 위상이 이러했다. 독일인인 베토벤도 'pathétique(비창)'이라는 불어를 쓰기도 해, 옛날 유럽에서도 불어를 쓰면 뭔가 있어 보였던 것 같다. 클래식 공연장에서 맨 앞줄에서 늘 관람을 하시던 작고하신 유명 디자이너 김복남 선생님께서도 앙드레 김이라 했고.

또한 곡이 발표되었을 때 영국인들은 너무 통속적이고 영국적 품위에 걸맞지 않는다고 했지만 높은 인기는 식을 줄 몰랐다고 한다. 그리고 〈사랑의 인사〉를 쓰고 난 1년 뒤 다시 이와 짝을 이루는 〈사랑의 말(Mot d'Amour)〉도 작곡하게 된다.

잠시 제목이 왜 사랑의 인사일까를 생각해 보면 엘가가 앨리스를 만나면 자기보다 신분도 위고 나이도 9년이나 많으니 먼저 인사부터 하지 않았을까? 어쨌든 사랑의 인사와 말을 아내에게 전하려는 의도였을 것이다. 또한 엘가는 결혼 3주년에는 〈현을 위한 세레나데〉를 아내에게 헌정하기도 한다. 정겨운 부부의 모습이 아닐 수 없다. 남자들이여! 부디 마누라 말을 잘 들을지어다!

〈사랑의 인사〉는 워낙 유명한 곡이기에 수많은 연주가 나와 있다. 하지만 나는 『쩨라 장 데뷔』 음반의 연주를 제일로 추천한다. 이 녹음은 쩨라 장의 나이 불과 열 살 때 연주다. 악기도 원래 크기의 4분의 1이다. 그런데 내지 해설에는 아홉 살로 나온다. 아마도 신동임을 강조한 착한 의도인데 이런 경우는 흔하다. 하여튼 놀라운 기록이다. 열 살짜리가 클래식 음반을 내놓은 것으로는 세계 신기록이다. 더 놀라운 것은 그녀의 표현력이다. 열 살짜리 꼬맹이가 사랑을 알 턱이 없다. 그것도 9년 연상의 여인에 대한 사랑을. 하지만 그 감정에는 정말로 사랑스러움이 느껴지는데, 이런 것을 설명한 방법은 천재적이다는 말 이외에는 없다. 이런 것은 나이 서른일곱에 녹음된 정경화 음반『콘 아모레』속 연주를 들어 보면 알 수 있는데, 오히려 더 사랑스러운 연주가 쌔라 장이기 때문이다.

쌔라 장 여섯 살 때 모습 (c) Charles Abboot 1986

이제 쌔라 장은 올해로 마흔다섯 살이다. 한때 불세출의 천재 유디 메뉴인을 능가한다고 했건만, 지금은 여느 유명 바이올리니스트로 남아 있다. 참으로 아쉬운 일이 아닐 수 없다. 데뷔 음반 이후 나온 많은 그녀의 음반에서도 마찬가지 상황이라, 유일한 최고 명반이라면 오히려 어렸을 적 데뷔 음반을 꼽고 싶다. 메뉴인의 경우도 어렸을 적인 10대 때 명연이 많았고 나이가 들어서는 예전만 못했다. 천재라는 연주가들은 이미 10대 때 최고의 완성도를 과정 없이 이룬 것이란 생각이다.

쌔라 장을 한국 사람으로 알고 있는 이가 많은데 실은 한국계 부모에게서 태어난 미국 사람이다. 그런데 영문 표기를 보면 'Sarah Chang'이라 흔히 미국에서는 쌔라 챙으로 발음하여 중국계로 오인하기도 한다. 이것은 로마자 표기법이 바뀌기 전 표기라서 그렇다. 'Jang'으로 써야 하는데 이미 굳어져 그대로 쓰는 것이다. 또한 필자는 발음대로 '쌔라'라 표기했는데 사라는 일본말 접시다.

참고로 〈사랑의 인사〉와 〈사랑의 말〉을 같이 연주하여 수록한 음반으로는 나이즐 케네디와 리디아 모르드코비치가 있는데 모르드코비치의 진한 울림의 연주가 추천할 만하다. 더불어 이 음반에는 듣기 힘든 다른 바이올린 소품들도 여럿 담겨 있다.

리디아 모르드코비치

# 마지막 망향의 노래

## 드보르작 교향곡 8번

드보르작 교향곡 8번 조지 셀

우리나라에 최초로 내한한 오케스트라는 무엇일까? 시기는 아무래도 일 제시대는 접어두고 우리나라 정부가 수립된 이후일 것이다. 우리 정부 수 립은 미 군정으로부터 1948년 8월 15일 이루어졌다. 이런 시기 내한한 서 양식 오케스트라는 미국의 유명한 '심포니 오브 디 에어(Symphony of the Air)'이다. 정확한 일자는 1955년 5월 26일 장소는 중앙청 광장(?)이다. 이 공연에는 당시 초대 대통령 이승만 부부 내외가 참석하였다. 이승만은 미 국 유학파인데 소위 학벌로 치면 일류 중 일류다. 스펙(specification)이라 말도 있지만 사람에는 쓰는 용어는 아니다. 오디오 기기라면 몰라도. 그 는 조지 워싱턴 대학을 나와 하버드 대학 석사 그리고 아인슈타인 교수를 지낸 프린스턴 대학 박사다. 이런 서양의 최고 교육을 받은 그가 클래식 공연에 참석하는 것은 자연스러운 것인지도 모른다.

　장소는 공연장이 없어 중앙청 광장으로 말하자면 야외인 한데에서다. 물론 무대는 임시로 만들었고. 연주곡은 차이코프스키 〈로미오와 줄리엣〉 서곡, 거쉬윈 〈랩소디 인 블루〉 그리고 브람스 교향곡 1번이다. 지휘자는 발터 헨들(Walter Hendl)이었는데, 그는 하이페츠와 시벨리우스나 글라주노프 협주곡을 협연하여 녹음을 남긴 바 있는 유명 지휘자이다.

　당시 공연은 수많은 인파가 몰렸다고 기록하고 있는데 1950년대 나름대로 수준 높은 클래식 공연이었던 셈이다. 대통령 내외와 같이 음악회를 본 일반 대중들은 참으로 좋았을 것이란 생각이 든다. 결코 미개하고 수준 낮은 나라가 아니었다. 당시 이 공연을 아버지와 함께 구경한 한 학생은 훗날 유명한 지휘자가 된다.

　심포니 오브 디 에어는 원래 NBC 심포니 오케스트라로 1937년 거장 지휘자 아르투로 토스카니니를 위해 미국 NBC 방송국에서 만들어 준 악단이다. 여기에 참여한 단원들은 보자르 3중주단 출신인 다니엘 궐레(악장)을 비롯하여, 오스카 섐스키, 요셉 긴골드, 윌리엄 프림로즈, 레너드 로즈 등 쟁쟁한 이들이다. 악단은 1954년 마지막 연주로 해산하였다. 말하자면 단 한 사람의 지휘자를 위한 단 한 번 존재했던 전설적인 악단인 셈이다. 그런데 악단 해산 후 이를 아쉬워한 단원들이 모여 다시 활동을 시작하였고 그 이름이 바로 '심포니 오브 디 에어'이다. 이름이 특이한데 아마도 공기라기보다는 아리아나 방송을 뜻하는 것이 아닐까? 이 악단이 남긴 명연주로는 왈렌슈타인이 지휘하고 루빈스타인이 피아노를 친 쇼팽 피아노 협주곡 2번이 유명하다.

　이후 내한한 악단으로는 1956년 LA 필하모닉 오케스트라와 알프레드 왈렌슈타인, 1964년 런던 심포니 오케스트라와 콜린 데이비스, 이스트반 케르테츠, 1969년 런던 필하모닉 오케스트라와 존 프리처드로 이어진다.

그리고 드디어 1970년 조지 셸이 이끄는 클리블랜드 오케스트라의 역사적인 공연이 이어진다. 왜 역사적이냐? 기대하시라, 지금부터 그 이야기가 이어진다.

내가 가장 위대한 지휘자라 평가하는 이는 카라얀이 아니라 조지 셸이다. 물론 카라얀이 위대한 지휘자가 아니란 얘기가 아니다. 그는 이미 최고의 악단이라 칭하던 베를린 필하모닉을 맡아 지휘 활동을 펼친 것인데 반해 셸은 미국의 지방 악단 수준 즉 쉽게 말한 후진 클리블랜드 오케스트라를 세계 일류의 악단으로 만들었기 때문이다. 클리블랜드 오케스트라가 1967년 잘츠부르크 축제에 참가한 적이 있는데, 당시 카라얀이 셸을 찾아가 특별히 이 클리블랜드를 지휘하게 해 달라고 부탁했다고 한다. 세계 최고 악단인 베를린 필을 이끌던 카라얀이 뭐가 아쉬워 이런 부탁을 했는지 짐작이 갈 것이다.

조지 셸은 어렸을 적 '모차르트 재래'라 하던 신동으로 불과 열일곱 살에 리하르트 슈트라우스 조수로서 일한 인물이며 피아니스트, 작곡가, 지휘자였다. 이런 그가 미국으로 건너갔고 1946년 클리블랜드 상임 지휘자를 맡게 되는데, 보아 하니 악단의 수준에 처음부터 한숨이 나왔을 것이다. 이에 마치 독재자와 같은 전횡을 휘두르며 악단을 개혁하였는데, 3개월 새 무려 단원의 3분의 2를 갈아치운 아니 잘랐다고 한다. 누구에게는 먹고사는 직장이었겠지만 현실은 그랬다.

셸은 도수가 높은 안경을 썼는데 그래서 연습 때 단원들을 응시할 때면 너무도 무서워 애꾸눈이라 불렀다 한다. 하지만 무대를 내려오면 한없이 다정한 사람이었다고 한다. 당시 단원 중 마이런 블룸(Myron Bloom)이라는 호른 주자가 있었다. 호른 주자는 오케스트라에서 특히 독주가 많아 가장 많이 스트레스를 받는다고 한다. 그런데 어느 날인가 슈트라우스 〈틸 오일

렌슈피겔의 유쾌한 장난〉을 연습하는데, 셸은 혹독하게 밀어붙였고 블룸은
마치 좀비가 된 것 같았다고 한다. 블룸은 연습이 끝난 후 셸을 찾아가 더는
못 하겠다고 그래서 그만두겠다 했다고 한다. 그러자 셸은 블룸을 안아주며
괜찮다고 말했고 순간 블룸은 울음을 터뜨렸다고 한다. 짠하지 않은가?

하여튼 그는 마침내 성과를 내게 되는데 소위 Big 3(뉴욕, 보스턴, 필라
델피아 오케스트라를 칭함) 넘어 Big 5(뉴욕, 보스턴, 필라델피아, 시카고,
클리블랜드) 오케스트라로 등극하게 된다. 더 나아가 미국만이 아닌 세계
적인 최고 악단이 된다. 클리블랜드의 역사가 바로 조지 셸이며 소위 '황
금의 균형미'를 자랑하는 최상급 악단으로 우뚝 서게 된다.

또한 클리블랜드 연주 홀인 세브란스홀의 음향을 개선하여 소위 'Szell
shell'이란 말을 만들기도 한다. 세브란스홀은 존 롱 세브란스가 큰 기부금
을 내서 만든 홀이어서 붙인 이름인데 우리나라 세브란스 병원의 루이스
헨리 세브란스의 아들이다. 이 홀은 로비가 아름답기로 유명한데 원래 기
부하기로 한 세브란스가 자신의 아내가 죽자 이를 기리고자 당초 약속한
금액의 세 배(요즘으로 치면 8천 억)를 기부하며 죽은 아내에게 바치는 추
모비 같은 것이 된다. 그래서 평소 아내가 좋아하는 이태리 붉은색 대리
석으로 화려하게 장식했다고 한다. 개관 당시 '거대한 보석 상자'로 불렸
던 아마도 가장 휘황찬란한 음악당의 로비라 하겠다. 여담이지만 이런 로
비는 워낙 화려해 예식장으로도 이용된다고 하며 또한 외관 역시 웅장하
여 영화에도 나올 정도다. 예술의 마트와는 비교 불가다.


조지 셸은 1970년 5월 나이 일흔셋에 극동 즉 일본과 한국 공연을 추진
한다. 하지만 여기에는 아킬레스건이 존재했다. 다름 아닌 지병인 골수암
의 상태가 채 3개월도 남지 않은 말기로 심각했다. 그러나 무리임을 알고

도 추진했고 여기에는 유사시를 대비하여 부지휘자인 피에르 불레즈까지 대동한다. 말하자면 목숨을 건 마지막 해외 연주 여행이었다. 도쿄를 필두로 하여 오사카, 교토, 나고야, 삿포로까지 무려 열한 번의 공연 일정이다. 물론 세 번은 불레즈가 지휘했다.

일정 중에 카라얀과 베를린 필도 일본에 와 있었다. 카라얀의 연습 중이라 출입금지임에도 불구하고 셀은 문을 박차고 들어갔는데, 이를 눈치챈 카라얀은 돌아선 "마에스트로(선생님)!" 하였고, 셀은 "헤르베르트!" 하면서 서로 반갑게 인사를 나누었다고 한다. 다른 일화이지만 오토 게데스(Otto Gerdes)라는 지휘자이자 프로듀서는 카라얀을 동료라 불렀다고 해고당한 일이 있었다. 카라얀과 셀의 관계는 그러했다. 마지막이 되었던 만남으로.

셀은 이동 중 신칸센 고속 열차를 이용했는데 마치 소년으로 돌아간 듯 콜라를 마시는 등 매우 즐거워했다고 한다.

도쿄 실황 1970년

그는 다행히도 무탈하게 일본에서의 연주를 마쳤고 마지막 해외 연주가 되는 서울로 향한다. 이때가 70년 5월 27일 시민회관이다. 연주곡은 도쿄 연주 때와 같은 베버 〈오베른〉 서곡, 모차르트 교향곡 40번, 시벨리우스 교향곡 2번이다.

그런데 다들 이 공연을 잘 모른다. 오래전 일이니. 실황 음반이 있을 리는 만무하고 그래도 워낙 유명한 거장 지휘자의 공연이니 혹시 들은 이의 이야기가 있지는 않을까? 그러다가 우연히 이와 관련된 신문 기고문을 접하게 된다. 그 주인공은 전설의 고향 이사장이다.

정확히 무슨 공연인지는 나와 있지 않았지만 내용에는 어떤 유명 악단 내한 공연에 갔는데 마침 모 제과사에서 나온 새로 나온 부라보콘의 시식이 있었고 그 아이스크림을 들고(?) 공연을 보았다는 것이다. 그런데 더운 날씨에 녹아내려 안타까웠다는 얘기다. 헐~ 아니 일국의 대표 공연장 사장이라는 그것도 피아니스트란 사람이 어떻게 음악이나 지휘자에 대한 말은 없고 아이스크림만 얘기만 할 수 있는가? 물론 당시 고등학생이었다고는 하나 너무 하지 않은가? 설령 몰랐다고 해도 나중에 알아보면 되지 않는가. 일본에서는 실황 연주를 음반으로 내놓은 바 있는데, 한일 간의 음악적 수준 차이란 말인가? 이것이 조지 셸의 공연임을 확인할 수 있었던 것은 그 아이스크림 출시 시기가 공연과 맞아떨어지기 때문이다. 나중에 안 일이지만 그는 횡령으로 기소되었다고 한다.

앞서 역사적 공연이라고 한 것은 조지 셸이 목숨을 걸고 감행한 마지막 해외 공연이었기 때문이다. 셸은 귀국 길에 앵커리지에서의 공연을 마지막으로 두 달 후인 7월 30일 타계한다. 그의 마지막 해외 공연은 다름 아닌 우리나라 대한민국 서울이었던 것이다.

한편 그렇다면 그의 마지막 녹음은 무엇일까? 그것은 1970년 4월 29일

클리블랜드 지휘자 취임 25주년 드보르작 교향곡 8번 녹음이다. 그리고
다음 달 극동 공연을 마치고 일흔세 살로 생을 마감한다. 말하자면 석 달
동안 마지막 생을 불태웠던 것이다.

그는 원래 헝가리인이지만 모친은 슬로바키아인이고 아내는 체코인이
다. 그래서 선택한 마지막 녹음이었다. 연주에는 따스한 노래가 덧없이 흐
르는데, 이것은 셀의 마음의 고향을 떠올리게 된다. 특히 죽음을 목전에 둔
그가 억제해 온 따뜻한 감정을 아무 거리낌 없이 발산하면서 내면의 풍부
한 노래가 울려 퍼지는데, 어머니와 아내의 고향에 대한 사랑의 노래이다.

우리는 이 연주를 통해 한 위대한 예술가가 펼치는 순박한 마음의 노래
와 만년의 소중한 심경을 만나게 된다. 그토록 엄한 완벽주의자로 알려진
클리블랜드의 독재자 셀에게는 실로 놀랍도록 따뜻한 마음이 있었음을
깨닫게 된다. 드보르작이 이 곡을 통해 끝없는 우수와 동경을 마음속의
향수와 같이 토로하고 있다면, 셀 역시 느꼈던 인생의 감회를 마지막 녹
음을 통해 백조의 노래로 울부짖고 있다.

오늘도 그의 1970년 도쿄 실황 연주는 들으며 예술적 향취에 젖어본다.
"인생은 짧은 예술은 길다"

클리블랜드 세브란스홀 로비

# 마법의 운궁!

## 사라사테 〈찌고이네르바이젠〉

『The Magic Bow』 마이클 래빈

　곡의 제목이 매우 인상적인 '찌고이네르바이젠(Zigeunerweisen)'이라
는 것이 있다. 이 말은 독일어로 '집시의 노래'라는 뜻인데 발음이 오랫동
안 이렇게 굳어졌다. 원래 발음은 '치고이나바이즌'에 가까운데 표기는 '치
고이너바이젠'으로 적고 있다. 하지만 나는 이 음악의 분위기를 생각한다
면 '찌고이네르바이젠'이라 발음하는 것이 더 어울린다고 생각한다. 또한
더 친숙하게도 들려 개인적으로 이렇게 쓴다.

　곡의 작곡가는 스페인의 파블로 데 사라사테이다. 19세기 파가니니, 비
외탕, 요아힘, 비에니아프스키와 더불어 바이올린의 명인으로 명성이 높
다. 말하자면 작곡가이자 유명 바이올리니스트였던 것인데 그렇다면 작품
은 무엇이 있을까? 현재 그가 남긴 작품 수는 작품번호(Op.) 54번에 이르

고 작품번호 없는 아홉 곡이 있다. 주로 바이올린 소품 위주라서 사라사테는 작곡가보다는 연주가 즉 명바이올리니스트로서 더 유명하다고 하겠다.

바이올린의 명수였던 만큼 바이올린 작품이 주를 이루는데 이상하게도 협주곡이 보이질 않는다. 그런데 그에게는 유독 다른 작곡가들이 헌정한 협주곡이 많다. 랄로 〈스페인 교향곡〉(제목과 달리 실은 협주곡이다)과 바이올린 협주곡 1번, 브루흐 바이올린 협주곡 2번과 〈스코틀랜드 환상곡〉, 생상 바이올린 협주곡 3번과 〈서주와 론도 카프리치오소〉, 비에니아프스키 바이올린 협주곡 2번으로 무려 일곱 곡에 이른다. 사람이 좋았나?

아마 이렇게 많은 자신을 위한 협주곡이 있다 보니 정작 협주곡 작곡에는 등한시하게 되었고 그래서 작품을 남기지 못한 것이 아닌가 싶다. 이에 그는 오히려 많은 바이올린 소품을 남기게 된다. 그리고 그중에서도 단연 빛나는 곡은 역시 '찌고이네르바이젠'이다. 앞서 제목에 대한 설명에서 독일어라고 했는데, 스페인 작곡가의 작품인데 왜 독일어일까 하는 생각을 하게 된다.

원래 스페인어 제목은 'Aires Gitnos(아이레스 히다노스)'이다. 클래식에는 영어, 이탈리아어, 불어, 독일어 등등이 혼재한다. 나는 스페인어를 전혀 몰랐기에 음반에 Aires Gitnos라 써진 것을 보고도 이것이 그 유명한 '찌고이네르바이젠'인 줄도 몰랐다. 그렇다면 왜 굳이 독일어를 쓴 것일까? 아마도 집시의 노래가 헝가리 지역에서 유명한 것이었고 그래서 그 지역을 지배했던 합스부르크 왕가 때문이 아닐까 추측해 본다. 아니면 독일어 특유의 어감 때문이 아닐까란 생각도 가져 본다. 이것도 아니라면 독일에서 초연했기 때문인지도 모르겠다.

사라사테는 아버지로부터 바이올린을 배웠고 열 살 때 궁에서 연주하여 여왕인 이사벨라로부터 스트라디바리우스를 하사받기도 했다. 그 후 빠리 음악원을 졸업하고 많은 활동을 펼치며 최고의 명성을 누렸다. 덕분에 많은 부를 축적했고 그 대부분을 기부했다.

곡은 1877년 그러니까 그의 나이 서른 살에 작곡하여 다음 해인 1877년 1월 31일 독일의 라이프치히에서 칼 라이네케가 지휘하는 라이프치히 게반트하우스 오케스트라와 자신의 바이올린 연주로 초연하였다. 곡은 모두 네 개 부분으로 연속적으로 이어지는데, 1부 모데라토, 2부 렌토, 3부 다소 느린 렌토, 4부 알레그로이다. 가끔은 2부 3부를 묶어 3부로 보기도 한다. 3부에서는 민요〈집시의 달〉의 애절한 선율이 나와 인상적이다. 현란한 기교와 애조 띤 분위기로 사람들을 현혹시키고도 남을 만큼 최고 매력의 바이올린 명곡이다. 반주는 원래 관현악이지만 흔히 피아노 반주로 널리 애주된다.

곡의 인상적인 매력 탓에 영화나 드라마에서 자주 사용되는데, 가장 강렬했던 것은 주성치 감독 주연의 영화『쿵후 허슬』이다. 특히 웃기는 추격전 장면에서 4부 알레그로의 속도감 넘치는 음악이 절묘하게 조화를 이룬다. 더불어 괴로워하는 장면의 1부 모데라토의 강렬함도 인상 깊다. 곡에는 슬픔과 기쁨 모두가 나타나 있기 때문이다. 영화에 쓰인 연주는 열여덟에 차이코프스키 콩쿠르에 우승한 일본의 미모 바이올리니스트 수와나이 아키코다. 아키코 수와나이로 쓰면 영어식으로 이름이 앞에 오는데 최근에는 성을 앞에 써 수와나이 아키코(諏訪内晶子)로 표기한다. 세이지 오자와가 아니라 오자와 세이지(小澤征爾)가 된다. 우리 이름도 영어로 쓸 때 성을 앞에 써야 할 것이다. 미국에서 우리 대통령을 부를 때를 봐라 '정희박'이 아니라 '프레지던트 박정희'다. 일반인이라 '정희박'이고 대통령이라 '박정희'라 하는 것이 아니다. 동양권에서는 성을 앞에 쓰는 것을 서양에서도 이미 아는 문화인 것이다.

〈찌고이네르바이젠〉야샤 하이페츠

'찌고이네르바이젠'의 명연이라면 단연 신출귀몰 솜씨의 야샤 하이페츠를
든다. 말 그대로 타의 추종이 있을 수 없는 수준이다. 그리고 다행스럽게도
사라사테 자신의 연주가 남아 있는데, 녹음은 1904년이라 음질이 엄청 열악
하다. 그래도 소리를 들을 수 있는 것만으로도 감사할 지경이다. 가끔 생각
해 본다. 모차르트나 베토벤의 연주를 들을 수만 있다면 얼마나 좋을까….

사라사테의 연주는 피아노 반주인데 죽기 4년 전인 만년으로 전성기 시
절은 아니라 기교가 다소 아쉽지만 과거의 화려한 명성을 짐작할 수 있
고, 그 두툼한 음색이나 비브라토는 거장의 풍모가 전해져 과연 전설임을
실감케 한다. 특히 4부 알레그로의 날렵한 진행은 명불허득(名不虛得)이
라 하겠다. 참고는 이 녹음에는 3부가 생략되었다.

한편 마이클 래빈이라는 미국 바이올리니스트가 있다. 신동으로 줄리

어드 음악원에서 명교사 이반 갈라미언에게 배웠고 열네 살에 카네기홀에 데뷔하여 이후 1950년대를 최고 바이올리니스트로서 화려하게 장식하였다. 하지만 이것도 잠시 그는 정신쇠약과 우울증을 겪으면서 이카루스의 날개처럼 추락하기 시작하였다. 결국에는 1972년 자신의 아파트에서 싸늘한 주검으로 발견된다. 그의 나이 불과 서른다섯이었다.

혼히 마약 과다 복용으로 숨졌다고들 하는데 최근 이는 사실이 아님이 밝혀졌다. 보통 대중가수에게나 일어나는 일이어서 클래식 연주가에게 이런 사실은 다소 불편한 진실이었다. 하지만 토론토 대학 정신과 교수이자 의사인 래빈 연구 권위자 앤소니 파인슈타인(Anthony Feinstein)은 래빈은 자신의 아파트에서 미끄러져 머리를 의자에 세게 부딪쳤고 이를 제대로 치료하지 않아 사망한 것을 밝혀낸다. 단순 사고사였던 것이다. 성악가 프리츠 분덜리히 경우처럼.

이런 그는 열한 살 때부터 녹음을 시작하였고 파가니니 협주곡 1번이나 비에니아프스키 협주곡 2번 그리고 파가니니 〈스물네 개의 기상곡〉이 특히 유명하다. 또한 소품집도 여러 종 선보이고 있는데 『마법의 운궁(The Magic Bow)』이라는 음반이 인기가 특히 높다.

'bow'는 원래 활을 의미하며 또 바이올린 연주한다는 뜻도 지닌다. 이것은 바이올린을 연주할 때 쓰는 것이 활이라 하는 데서 비롯된 것인데, 그 모양이 쏘는 활과 비슷해서이다. 실제로 활처럼 생긴 베가(Vega) 활이 있기도 하다. 그래서 활로 바이올린을 켠다는 뜻의 운궁(運弓)이 된다. 결국 '마법의 운궁'이라는 것은 마법 같은 운궁을 구사하는 작품이나 바이올리니스트를 말한다.

수록곡은 크라이슬러 〈빈 기상곡〉을 비롯하여 디니크 〈호라 스타카토〉, 마스네 〈타이스 명상곡〉, 파가니니 〈무궁동(無窮動)〉, 크라이슬러

〈The Old Refrain〉, 림스키-코르사코프 〈왕벌의 비행〉, 생상 〈서주와 론도 카프리치오소〉가 수록되어 있는데 모두 어렵다는 난곡들이다. 반주는 펠릭스 슬래트킨이 지휘하는 할리우드 볼 심포니 오케스트라인데, 펠릭스는 바이올리니스트이자 지휘자이며 아들 레너드 역시 지휘자다. 그리고 할리우드 볼 심포니는 LA 필하모닉이 주관하는 할리우드 볼(야외극장) 연주회 악단이다.

연주는 1959년으로 그가 방황하기 전인 전성기 시절이다. 빈의 풍취와 뛰어난 운궁이 돋보인 〈빈 기상곡〉, 자잘한 기교의 경쾌함이 즐거운 〈호라 스타카토〉, 우아한 서정과 바이올린 질감의 향연이 멋들어진 〈타이스 명상곡〉 그리고 유명한 〈찌고이네르바이젠〉은 하이페츠만큼 강렬하지는 않지만, 오히려 중간의 애절함은 듣는 이의 애간장을 녹인다. 마치 활로 가슴을 에는 듯한 표현이 기막히다. 더불어 그의 그리 길지 않은 비극적인 생을 떠올리게도 된다. 여기까지가 LP의 앞면이다. LP라서 계속 들으려면 뒤집어야 한다. LP의 단점은 뒤집기. 그러나 손맛이 있다.

다시 신출귀몰하는 기교가 빛나는 〈무궁동〉 연주, 요한 브란들 곡을 편곡한 빈의 대중가요 〈The Old Refrain〉은 크라이슬러 편곡이 그 멋을 더하는데, 이를 래빈은 멋지고 고혹적으로 연주한다. 다시 활이 불을 뿜는 〈왕벌의 비행〉이 이어진다. 마지막 곡은 〈서주와 론도 카프리치오소〉로 우아한 경쾌함과 바이올린만의 음색이 흥겹기만 하다. 모든 곡이 이처럼 래빈만의 천재적인 기량이 빛을 발해 제목 그대로 마법적인 운궁 그 자체라 하겠다.

이 음반은 LP(Long Play)인데 동일한 CD는 없고 편집된 것만 존재한다. 그래서 LP를 구하게 되는데 음반은 미국 국회의사당(?)인 *Capitol* LP로 특히 애호가들 사이에서 명반으로 자리해 고가에 거래된다. 물론 요즘 다시 찍은 재발매된 음반이 있기는 하다. 하지만 골수 LP 애호가들은 재발매반은 거들떠보지 않고 오직 오리지날~ 즉 초반만 찾는다. LP는 CD에서는 느낄 수 없는 시원스런 음장감과 긁어 주는 독특한 맛이 있는데, 특히 바이올린 연주에서 더욱 두드러진다. 이렇게 LP만의 맛이 있다 해서 최근에는 CD보다 더 애호되는 상황이다.

 하지만 소위 유명한 초반 명반들은 장당 몇백을 호가하여 과연 이걸로 음악을 듣는 것이 맞느냐는 의문도 든다. 물론 음질이야 좋겠지만 돈을 생각한다면 일종의 음악 사치가 아닐까. 또 LP 명반이라는 것이 연주의 수준보다 소리 즉 음질에 더 중점을 둔 것이라 아쉬운 면이 있다. 결국 LP 골수 애호가들은 연주보다는 소리에 더 집중하는 추세다. 소개한 래빈의 음반은 다행히도 연주도 좋고 음질도 좋은 것이라 적극 추천한다. 음반은 초반, 재반, 재발매반 등등 여러 가지가 있는데 선택은 듣는 이의 몫이다.

 필자는 재발매반을 가지고 있는데 골수파께서 초반을 들어 보라며 핀잔을 줄지도 모를 일이다.

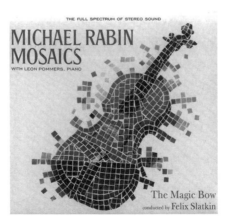

마이클 래빈 소품 CD

# 편안하고 듣기 편한

플루트 소품집『미니어처』

『Miniatures』 페터-루카스 그라프

　클래식 음악 작품 중에는 소품이라는 것이 있다. 주로 특정 악기들을 위한 짤막한 또 듣기 쉽고 편한 곡을 말한다. 이런 것은 처음 클래식을 접하는 이에게 어려워만 보이는 클래식에 부담 없이 입문할 수 있는 소중한 길라잡이 역할을 하기도 한다.

　이런 대표적인 곡으로는 크라이슬러 〈사랑의 기쁨〉, 베토벤 〈엘리제를 위하여〉, 엘가 〈사랑의 인사〉, 슈베르트 〈아베 마리아〉, 드보르작 〈유머레스크〉, 루빈스타인 〈멜로디〉, 바다르체프스카 〈소녀의 기도〉, 포레 〈꿈을 꾼 뒤〉 등 수없이 많다. 이 중 엘리제를 위하여는 예전 쓰레기차가 후진할 때 많이 들었던 곡이기도 하다. 대단하지 않은가? 베토벤 음악을 쓰다니….

　악기별로 보면 피아노, 바이올린, 첼로가 압도적으로 많다. 특히 미샤 마이스키의 소품을 보면 이렇게 많은 첼로 소품이 있었나 싶다. 하지만 편곡이 대부분이다.

한편 플루트란 악기는 조금 특별하다고 할 수 있다. 지금은 달라졌지만 과거 좀 산다는 집 자녀 특히 딸들이 주로 하는 악기가 플루트와 하프였다. 아마도 여자아이를 사랑하는 부모의 순수한 마음에서 비롯된 것이 아닐까 한다. 또 플루트와 하프를 연주하는 여성에 대한 무언지 모를 동경까지 더해져 그랬던 것이다. 특히 아름다운 미모와 더불어,

LP 시절 아이 칸자키라는 미모의 일본 플루티스트가 있었다. 긴 생머리의 황금빛 플루트를 든 아리따운 플루티스트여서 그 음반 판매량이 꽤나 되었을 것이다. 나도 여러 장 구입했으니. 하지만 지금은 연주가 시원치 않음에 전혀 듣지 않게 되어 모두 처분하였다.

그렇다면 과연 세계적인 유명 플루티스트 중에 여자가 많을까? 찾아보자, 그라프, 니콜레, 랑팔, 가첼로니, 골웨이, 파위, 갈르와, 슐츠, 아도리앙, 라뤼, 베이커 등 모두 남자들이다. 이게 무슨 얘기나 하면 악기가 작아 폐활량이 적어 보이나 실은 아니라서 여성에게 잘 맞는 악기가 아니란 것이다. 물론 예외는 있다. 수잔 밀란, 이레나 그라페나우어, 캐롤 윈센츠, 폴라 로빈슨 등 여성분도 계시니. 특히 윈센츠는 미모가 돋보이는 플루티스트이기도 했다. 또 샤론 베잘리란 여성도 있었는데 실제 연주회에서 들어 보니 학생이나 칸자키 수준이라 크게 실망한 바 있다.

음악가는 음악을 들려주는 것이지 자신의 외모를 보여 주는 것은 아니다. 만약 그런 것이라면 음악가가 아닌 배우가 되어야 한다. 그런데 세태는 그런 것을 원하는 이들도 많은 것 같다. 특히 여자 성악가의 경우 유명한 안젤라 게오르규나 안나 네트렙코가 있는데, 칼라스 재래라던 게오르규는 칼라스 비스무리(?)하지도 않았고 네트렙코는 푸틴을 지지하다 나

락으로 갔다. 두 여성 모두 미모는 뛰어났지만 신은 위대한 법, 그들에게 최고의 음악적 재능을 주지는 않았다. 산 좋고 물 좋고 정자 좋은 곳은 없다. 사람은 원래 청감보다는 시각에 취약하다. 하지만 아무리 예뻐도 노래가 되지 않으면 오래갈 수가 없는 법이다. 뚝배기보다 장맛이라 했다. 뚝배기가 시원치 않으나 맛이 좋으면 계속 먹을 수 있다. 하지만 뚝배기가 좋아 덥석 먹어 보았지만, 맛이 없으면 다시 먹게 되지 않는다.

최근에는 아예 미모를 넘어 노출까지도 불사한다. 혹시 저런 여자가 정말 피아노를 잘 치면 어떡하지 나는 조마조마했다. 그런데 연주를 들어 보고는 실소를 금하지 않을 수 없었다. 역시 신은 위대했다. 더불어 노출 클래식 연주가를 보며 천박하다는 생각마저 하게 된다. 옷을 잘 입는 것은 본인을 돋보이게 하는 면도 있지만, 남에게 예의를 갖추는 것이기 때문이다. 조문 시 검은 정장을 입는 이유다. 미모를 앞세워 음악을 하는 이들은 계속 나올 것이다. 음악은 듣는 것이지 보는 것이 아님을 명심 또 명심할지어다.

오래전 플루트에는 깊이가 없다고 하는 이가 있었는데, 그에게 바흐의 '무반주 플루트 파르티타'를 들어보라 권한 적이 있다. 플루트는 음색이 투명하고 아름다워 깊이감이 없게 들릴 수도 있다. 하지만 소리라는 것은 악기가 아니라 그것을 다루는 연주가에 따라 결정된다. 그런데 피아노란 악기는 여기에서 벗어난다. 쉽게 악기를 바꿀 수가 없는데 거의 세계 모든 공연장이 약속이나 한 듯 스타인웨이(STEINWAY & SONS)를 쓰기 때문이다. 그래서 스비아토슬라브 리히터는 악기에 관한 한 피아니스트는 불행하다 했다. 자신이 악기를 통해 원하는 음색을 구사하는 것이 매우 어렵기 때문이다. 호로비츠가 자신의 피아노를 들고 다닌 이유이기도 하다. 리히터는 야마하(YAMAHA)를 치는데 야마하가 스타인웨이보다 좋아서라 아니라 오히려 자신이 원하는 음색을 만들 수 있기 때문이라 했다. 글렌 굴드도 야마하를 쳤다. 야마하는 세계 최대의 악기 회사다. 이상하지 않은가 일본이 서양 악기를 가장 잘 만든다고 하니. 세계인이 보는 일본은 최고의 선진국이다.

앞서 소개한 유명 플루티스트 중에 가장 훌륭한 이를 들라면 단연 페터-루카스 그라프이다. 왜냐하면 바흐를 가장 잘 불기 때문이다. 오래전 그가 내한했을 때 내가 쓴 명반 안내서에 당신의 바흐가 명연주로 소개되었다고 하자, 그는 유럽에서 평론가들의 블라인드 테스트에서 선정된 것이 자신이라며 으쓱거렸다. 맞는 말이다. 현재 그의 바흐는 최고이며 다른 이들이 넘볼 수 없는 경지이다. 특히 깊디깊은 음색의 심오함이 단연 돋보이기 때문이다.

그렇다면 그의 악기는 무엇일까? 플루트는 원래 목관 재질이었지만 현대로 오면서 음량적인 이유 등으로 금속제로 바뀌게 된다. 처음에는 니켈로 시작하여 은, 금, 백금까지 나오게 된다. 백금이 가장 좋겠지만 너무 무거워 실용성이 없다. 그렇다면 가장 좋은 것은 역시 금이다.

그런데 그라프의 악기는 유명 플루티스트들이 거의 쓰지 않은 야마하로 그것도 금이 아닌 은이다. 야마하 플루트는 우리나라에서는 취미로 하는 이들이 쓰는 악기로만 취급된다. 능서불택필(能書不澤筆)! 명필은 붓을 가리지 않는다고 했다. 그라프의 음색은 두텁고 무거우며 그 깊이감이 대단하다. 그래서 다른 여타 날리는 듯한 가벼운 음색에 익숙한 이들에게는 오히려 답답하게도 느껴진다. 모두들 가벼운데 나만 무거우니 이상하게 보이는 것은 당연하다.

플루티스트 그라프는 사람도 다소 권위적이고 딱딱한 면도 없지 않다. 마치 바흐 음악처럼. 그런데 자신이 음반 중에서 가장 좋아하는 것은 바흐가 아니라 『미니어처(Miniatures)』라는 소품집이라 한다. 의외였다. 사실 바흐 음악도 무겁고 권위적인 것으로 여겨지지만 잘 몰라서 그렇지 부드럽고 아름다운 것이 많다.

그라프도 그랬던 것일까? 어쨌든 특이하게도 이 소품집의 첫 곡은 바흐로 시작된다. 무겁게? 아니 경쾌하다. 소나타 BWV 1033의 알레그로인데 기타 반주와 더불어 즐거움과 경쾌함이 가득해 마음을 가뿐하게 만든다. 평소답지 않으나 결코 거부감이 아닌 친근함으로 다가선다. 반전과도 같다. 이어지는 시칠리아노 BWV 1031의 아름다운 시정은 따스한 감동을, 고섹의 〈탬버린〉은 기타의 둥둥거리는 소리와 더불어 유쾌함을 전한다. 또 모차르트 〈터키 행진곡〉에서는 특유의 행진풍이 정겹다. 이렇듯 모든 곡들은 부담 없이 즐거움을 만끽할 수 있다. 하지만 결코 가벼운 것이 아닌, 무겁지만 역설적으로 흥거움이 더 돋보인다. 더불어 표지의 크림트의 꽃 그림 『해바라기가 있는 정원』도 연주의 분위기를 대변하는 듯하다.

현존하는 진정한 최고 거장 플루티스트의 정겨운 모습을 우리는 마주하게 된다. 인생이란 이런 것이다.

바흐 플루트 소나타

# 유치한 작품, 들어는 봤나?

## 드뷔시 피아노 3중주

보로딘 3중주단

　프랑스를 대표하는 작곡가 클로드 드뷔시의 피아노 3중주를 아는가? 라벨 것은 아는데 드뷔시도 있나? 할 것이다. 그도 그럴 것이 이 곡은 1982년 발견되어 1986년에야 악보가 출간되었기 때문이다. 그렇다면 이 곡은 왜 이렇게 나중에야 알려지게 된 것일까?

　드뷔시는 흔히 인상주의로 알려졌지만, 자신은 이를 완강히 부인했으며 오히려 상징주의라 부르길 원했다고 한다. 여기서 잠시 인상주의란 말에 대해를 알아보자. 인상주의란 미술 즉 회화의 한 양식이다. 그런데 명칭은 1874년 한 전시회에서 모네 그림인『인상, 해돋이』을 보고 평론가인 루이 르루아가 "인상, 나는 인상을 받았고 저 그림 속에는 어떤 인상이 있어야만 한다. 그런데 얼마나 편한 솜씨인가? 그림보다 그림이 걸리기 전

벽의 상태가 더 완벽하다"라 혹평했고, 인사치레로 인상적이긴 하다는 말이 결국 '인상주의'가 되었다고 한다. 인상적인 이야기다.

드뷔시는 열 살 때 빠리 음악원에 입학할 만큼 뛰어난 재능을 지녔던 인물이다. 음악원에서 그는 놀라운 능력을 보였지만, 한편으로는 무례하고 부주의한 학생으로 낙인찍힌다. 심지어는 강의가 휴강 되면 그 스스로가 강의를 진행했다고도 한다. 또한 음악적으로도 이상하고 특이한 화성을 쓰는 등 제멋대로였기에 한 교수가 "자네는 도대체 무슨 법칙을 지키나?" 하자 그는 "저 자신의 즐거움 외에는 아무것도 지키는 법칙이 없습니다"라고 했다 한다. 결국 들리브의 악보 읽기 과목은 1등이었지만, 마르몽텔의 피아노 연주, 뒤랑의 화성학은 1등을 받지 못하고 낙제한다.

그런데 피아노 연주 1등을 주지 않은 앙투안 마르몽텔 교수가 졸업 후 취업에 지장이 있을 것을 걱정하여 따로 일자리를 추천한다. 그것은 다름 아닌 차이코프스키 후원자로도 유명한 러시아 대부호의 미망인 폰 메크(Nadezhda von Meck) 부인의 음악선생 자리였다. 특이한 것은 폰 메크 부인이 차이코프스키에게 보낸 편지에는 드뷔시를 '마르몽텔의 수업에서 1등을 한 피아니스트이고 스무 살이다'라고 하고 있다. 실은 1등도 아니고 나이는 열여덟이었다. 아마도 드뷔시의 취업을 위한 꼼수가 아니었을까 한다. 여담이지만 폰 메크 부인의 이름이 재밌다. 영어를 그대로 읽으면 '나 대주다'로 후원자 이름답다.

이렇게 그는 일을 하게 되고 이탈리아 플로렌스 피에솔레 별장에 머무를 당시 메크 부인이 개최하는 소규모 음악회를 위해 1880년 9월에 쓴 곡이 바로 피아노 3중주 G장조이다. 초연은 드뷔시가 참여했지만, 나중에 이 곡은 따로 발표되지 않고 그대로 사장된다. 그러다가 작곡자 사후 그의 제자인 모리스 뒤메닐이 1982년 스승의 유품 속에서 곡을 발견한다.

곡이 작곡된 지 무려 백여 년 만의 일이다. 곡에는 미흡한 데가 있어 음악학자 엘루드 더가 4악장을 보완하여 1986년 악보를 출간하여 다시금 세상의 빛을 보게 된다. 왜 이렇게 된 것일까? 그의 유일한 피아노 3중주 작품인데.

여기에는 드뷔시의 사생활이 문제인 것으로 보인다. 알겠지만 드뷔시는 여자관계가 좋지 않았다. 엄청난 바람둥이였기 때문이다. 오죽했으면 두 명의 여인이 권총 자살을 시도했을까! 사기 결혼에 불륜까지 그야말로 프랑스의 카사노바다. 개 버릇 남 못 준다고 했던가?

폰 메크 별장에 머무를 당시 드뷔시는 부인의 딸을 건드렸던 것이고, 이런 일은 발각되어 쫓겨나는 신세가 된다. 혹시 이런 창피한 일을 숨기려는 의도가 아니었을까 싶다. 아니면 곡이 자신의 인상주의적 작품이 아닌 초기 습작으로 여겨서 그랬던 것일까.

폰 메크 부인은 차이코프스키에게 보낸 편지에서 "피아노 3중주의 평을 보내지 못해 미안합니다. 음악선생 드뷔시가 급히 떠나는 바람에 악보도 복사할 시간이 없었습니다"라고 하고 있다. 더 재미있는 사실은 드뷔시는 음악원에서의 부진에도 불구하고 로마 대상을 타게 되는데 그 작품의 제목이 걸작이다. 〈탕아(방탕한 아들)〉! 허허~.


곡은 모두 네 개의 악장으로 이루어져 있고 헌정은 음악원 화성학 선생님인 에밀 뒤랑에게 한다. 작품번호는 레쉬르(François Lesure)가 정리한 것에 따르면 L 3이지만 나중에 개정된 목록 L 5로 바뀐다. 그래서 종종 다른 작품으로 오인하기도 한다.

곡상은 드뷔시답지 않은 평이함으로 편안하고 낭만적이다. 2악장 스케르쪼는 차이코프스키 교향곡 4번이나 자신의 현악 4중주를 연상시킨다.

그리고 3악장 느린 안단테인데 피아노 서주 후에 나오는 첼로의 매끄러운 선율이 고혹적으로 다가서 백미를 이룬다. 그리고 4악장은 열정적으로 끝을 맺는다. 한마디로 듣기 편한 것으로 아마도 고용주인 폰 메크 부인의 마음에 들기 위한 곡으로 여겨진다.

그래서 미국의 유명한 평론가 숀버그(Harold Schonberg)는 '유치한 작품이다. 턴테이블에 음반을 올려놓고 누구의 작품인지를 맞추도록 친구들에게 물어봐도 재미있을 것이다. 드뷔시 음악임을 알 수 있는 부분은 전혀 없다. 감성적이며 달콤하여 마치 설탕에 절인 듯하다. 쌀롱 음악에 가까워 음악적으로 평할 것이 없다'라 했다. 혹평이다. 참고로 숀버그는 뉴욕 타임스 등에 비평을 쓴 유명한 평론가로 퓰리처상을 받기도 했다. 그런데 이름 철자가 Schönberg와 비슷해 가끔 작곡가 아놀드 쇤베르크로 착각하기도 한다.

숀버그의 평은 거의 혹평에 가까운 반면 폰 메크 부인은 곡이 마음에 들었는지 매우 아름다운 곡이라 했다 한다. 실제로 들어보면 나름대로 아름다운 곡상이라서 큰 기대만 하지 않는다면 의뢰로 쏠쏠한 음악적 감흥에 젖게 된다.


첫 녹음은 1987년 밀라노 3중주단에 의한 것이고, 이후 나온 것 중 추천할 만한 것으로는 1991년 녹음인 보로딘 3중주단을 권한다. 이들의 연주는 작곡가의 젊은 시절의 작품임에도 불구하고 원숙한 작품과 같은 해석을 보여 준다. 2악장 차분한 스케르쪼를 지나 3악장 안단테에 이르면 유리 투로브스키의 첼로가 풍부한 감성으로 가슴을 적시는 명연을 들려준다.

이들의 이름은 러시아 작곡가 이름인 'Borodin Trio'인데 'Borodin Quartet'이 있어 혹시 유사품이 아닌가 할 수 있다. 보로딘 현악 4중주단은 1945년

창단되어 지금도 활동 중인 아주 오랜 역사의 명현악 4중주단이다. 이 현악 4중주단의 초기 단원으로 활동한 바이올리니스트 로스티슬라브 두빈스키가 망명하여 1976년 아내 루바 에드리나와 같이 만든 3중주단이 보로딘 3중주단이다. 이들은 많은 활동을 펼쳤지만 1997년 두빈스키가 죽고 투로브스키 역시 죽자 결국 해산하고 만다. 에드리나는 나중에 혼자되어 미국 인디애나 대학교수를 지냈는데 말년에 쓸쓸함을 내게 토로한 바 있고, 2018년 세상을 등져 개인적으로 안타까운 기억으로 남아 있다.

한편 1999년에 녹음된 플로레스탄 3중주단도 좋은 연주를 들려주는데, 피아노 4중주단인 도무스 해산 후 바이올리니스트 안소니 마우드가 1995년 도무스 단원들과 결성한 것이 플로레스탄 3중주단이다. 단체명인 플로레스탄은 작곡가 슈만의 필명이다. 슈만은 소설 장 파울의 『개구쟁이 시절』에 나오는 발트와 풀트의 성격을 대변하여 외향적 성격의 필명인 플로레스탄(Florestan)과 소심하고 성격의 필명인 오이제비스(Eusebius)를 사용한 바 있다. 그래서 이들이 녹음한 슈만의 피아노 3중주는 호연으로 명성이 높다.

플로레스탄 3중주단

연주는 드뷔시의 젊은 날의 초상을 보는 것과 같은 풋풋함과 정열을 풍부한 감성의 필치로 그려 낸다. 다소 빠른 진행으로 곡상의 진부함을 탈피하며, 특히 3악장 안단테에서 리처드 레스터의 풍부하고도 프랑스 감성에 충만한 첼로 울림이 마음을 흔든다. 더불어 마지막 악장의 열정적인 연주가 젊은 드뷔시의 마음과 당시 상황을 전하는 듯하다.

# 딴따라인데…

## 엔니오 모리꼬네

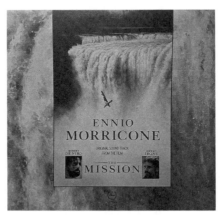

영화 『미션』 사운드 트랙

    1986년 개봉한 『미션(The Mission)』이라는 영화가 있었다. 당시 나도 관람을 하였는데 매우 슬픈 감동을 전한 명화로 기억하고 있다. 더불어 인상적인 것은 오보로 연주되는 영화음악이었는데, 클래식에 심취한 나는 브람스 바이올린 협주곡 2악장 아다지오에 나오는 오보 독주와 그 선율이 비슷하여 클래식을 베낀 영화음악이라고 치부해 버리고 말았다. 물론 음악은 맘에 들어 영화 사운드 트랙 LP는 구입했지만, 그에 대한 인상은 좋을 리가 없었다. 그렇게 모리꼬네와는 아주 멀어져만 갔다.

    2011년 그의 두 번째 내한 공연이 있었다. 그와 같이 외국 오케스트라가 오는 것이 아니라 국내에서 특별히 조직한 오케스트라를 그가 지휘하는 것이었다. 그런데 여기 참여한 한 단원의 얘기를 듣게 된다. 물론 클래식을 전공한 이다.

　모리꼬네는 연습 때만 악보를 나누어 주고 연습이 끝나면 다시 악보를 가지고 가더라는 것이다. 따로 연습조차 못 하게 되어 황당했다고 한다. 괴팍하다 싶었다. 총보가 아닌 파트보를 회수한다는 것은 다른 이들에게 자신이 한 오케스트레이션 즉 편곡을 공개하지 않겠다는 것으로 자신만의 해석을 보호하려는 의도였다. 아니면 자신의 음악을 자신만이 지휘하여 독보적인 최고의 것으로 만들려는 상업적 의도였는지도 모른다. 이렇게 되면 다른 지휘자들은 다른 이들이 편곡한 것으로 연주하게 되고 모리꼬네의 연주와는 차이가 생기는 것이다.

　한편 그의 지휘는 매우 섬세하고 정교한 것이었는데, 그냥 대충 악보를 따라가는 딴따라 지휘가 아닌 전문 클래식 지휘자와 같았다는 것이다. 이런 얘기를 전해 들은 나는 예전에 내가 품었던 생각인 클래식이나 베끼는 그런 사람이라는 선입견을 바꾸게 된다. 그렇다고 해도 그 공연을 직접 보지는 않았다. 나에게는 역시 영화음악이었으니.

　모리꼬네는 대중적인 영화음악 지휘자인데 클래식 지휘자처럼 자신만의 해석이 있는 셈이다. 클래식은 작곡가는 작품을 남기고 전문 지휘자가 이를 해석하여 연주하게 된다. 물론 작곡과 연주를 겸하는 예도 있지만 드물다. 그래서 같은 교향곡 작품이라도 지휘자에 따라서 곡이 다르게 들린다. 흔히 같다고들 생각하는데 조금만 집중해서 두 지휘자의 같은 곡 음반을 들어 보면 누구나 그 차이를 느낄 수 있다.

　클래식이란 용어는 원래 우리가 생각하는 서양 고전음악을 말하는 것이 아닌 서양 음악 중 하이든, 모차르트, 베토벤이 활동하던 고전파(classic) 시대의 음악만을 말한다. 그런데 이 시기의 음악이 워낙 뛰어나서 모든 시대를 아우르는 대표 개념으로써 클래식이라 부르게 된 것이다.

쉽게 말해 바흐는 클래식 작곡가가 아니라 바로크 작곡가이고, 슈만은 낭만파 작곡가인 셈이다. 그래서 지휘자 레너드 번스타인은 청소년을 위한 음악회 해설에서 클래식이란 용어가 적절하지 않음을 지적하였고, 그 스스로 용어는 아니지만 '규칙을 지키는 음악'이라 설명한 바 있다.

　대중음악이라 함은 이런 규칙을 꼭 지키지 않아도 되는 그리고 임의로 자유롭게 연주할 수 있으며 이런 것이 클래식 음악과의 차이점 중의 하나라고 할 수 있다. 모리꼬네 음악은 대중음악의 범주이지만 클래식처럼 규칙을 지키는 음악이었고 그것으로 인해 그가 지휘하는 음악은 최고 수준을 구가하게 된 것이다. 마치 클래식과 같은.

요-요 마 연주

　첼리스트 요-요 마는 가끔 클래식을 이탈해 대중음악들을 종종 연주하곤 하였다. 그런데 보다 보니 엔니오 모리꼬네가 있는 것이 아닌가? 일명 『요-요 마가 연주하는 엔니오 모리꼬네』였고 나도 모르게 그 음반을 선뜻 구입하게 된다. 물론 지휘는 모리꼬네 자신이다. 최고의 클래식 첼리스트가 연주하는 대중적인 영화음악이라 그 품격과 연주의 질이 남다름을 쉽게 알 수 있을 정도로 탁월하였다.

첫 곡은 원래 오보로 연주되는『미션』중 〈가브리엘 오보〉인데, 오히려 오보보다 더 감성적으로 들리는 것이 아닌가? 모르고 들으면 원래 첼로곡으로 들릴 정도였다. 한편 전곡 중 단연 돋보이는 연주는『Once upon a time in America』와『Once upon a time in the west』주제곡이다. 곡 자체가 워낙 좋아 따로 원래 영화 두 편을 보기도 했는데, 특히『Once upon a time in the west』의 강렬한 인상은 뇌리를 떠날 줄 몰랐다. 복수로 사람을 죽이는 영화의 음악이 이토록 아련하고 아름다워도 되는지 반문할 정도였다. 그래서 마카로니 웨스턴이라 하는지도 모르겠다. 더불어 마지막 장면인 찰스 브론슨의 그 압도적 표정이 자꾸만 떠오르곤 한다. 찬 손 부르튼 손인. 또한 그 강렬한 인상의 하모니카 소리 역시 잊을 수 없다.

음반을 다 들어 보니 듣던 대로 모리꼬네는 영화음악의 천재적 인물임을 실감하게 된다. 과장하면『Once upon a time in the west』주제곡은 마치 클래식 음악처럼 감동적이기까지 했다. 원곡은 여성 가수인 에다 델오르소의 노래가 있지만, 첼로로 대신하는 요-요 마의 솜씨 또한 일품이라 하지 않을 수 없었다.


이런 모리꼬네의 영화음악은 최고의 수준이라 하겠는데, 모든 연주는 거의 모두 자신의 지휘에 의한다. 물론 다른 이들에 의한 것도 있지만 말 그대로 오리지널이 가장 뛰어나다. 당연한 결과다. 앞서 설명했듯이.

이렇듯 모리꼬네는 클래식을 전공한 이답게 최고 수준의 영화음악을 구가하였던 것이고 이제는 클래식 즉 고전이 되었다. 이에 그의 음악을 수준 있는 클래식한 영화음악이라 칭하고 싶다. 그것을 잘 보여 주는 것이 여기 요-요 마의 연주하는 모리꼬네이기도 하다. 고상한 클래식 음악 만을 고집하는 나 역시 엔니오 모리꼬네를 애청하지 않을 수 없다.

『Once upon a time in the west』 오리지널 사운드 트랙

# 천년의 울림

송광사 〈새벽예불〉

송광사 새벽예불

　순천 조계산 자락에 승보사찰로 유명한 송광사(松廣寺)란 절이 있다. 참고로 창건 시 길상사(吉祥寺)라 했다. 나는 지금으로부터 십 년도 더 되었을 법한 어느 초여름, 아들과 같이 그곳에 템플스테이 즉 산사 체험을 한 적이 있다.

　첫날 저녁 우리를 인솔하던 진웅 스님이 나에게 물었다. 왜 왔는지? 그 이유를. 나는 송광사 법고 소리를 듣고 싶어 왔다고 답했다. 실은 2011년에 우리나라의 클래식 녹음 엔지니어인 황병준이 녹음하여 내놓은『송광사 새벽예불』이란 음반에 깊은 인상을 받았기 때문이었고, 실제 그 소리를 내 귀로 직접 듣고 싶어서였다.

　내가 운이 좋았는지 그 스님은 마침 자기가 오늘 법고를 치는 날이니 잘 들어 보길 바란다는 말을 해 주었다. 왜 운이 좋으냐? 그 음반 녹음 시에 참여한 스님 중 한 사람이 진웅 스님이었기 때문이다.

저녁예불이 시작될 무렵은 해가 뉘엿뉘엿 넘어갈 때다. 종고루와 대웅전에 스님들이 등장하면 도량석, 종송 후에 종고루에서 사물 즉 법고, 범종, 목어, 운판이 차례로 시작된다. 그 시작이 큰 북을 치는 법고이다.

드디어 음반 속 소리를 듣게 되는 순간이다. 그 소리는 음반으로 듣던 것과는 차원이 완전히 달랐다. 먼저 산사라서 주위가 산인데 그곳은 마치 저녁이 됨과 더불어 병풍처럼 어둑어둑 드리워진다. 그리고 그런 공간에 북소리가 시작되는데 울리는 것이 아니라 그 공간을 진동하며 요동친다. 최고 좋은 오디오로도 결코 담을 수 없는 그런 소리이다. 더불어 스님들이 치는 모습은 한마디로 천년의 깊이를 간직한 장엄함과 숭고함 그 자체다. 그 어떤 말로도 형언키 어려운 소리다. 영혼을 두드린다고나 할까? 내가 마치 우주의 한 가운데 덩그러니 서 있는 그런 잊지 못할 경험이었다.

그리고 이어지는 것은 범종 타종이다. 횟수는 새벽예불 스물여덟, 저녁예불 서른세 번인데, 누구는 깨우침이라고 하며 또 부처님의 목소리라고도 한다. 듣는 이의 가슴에 따스한 손길이 얹어지는 듯한 소리이며 뭔가 사람의 마음을 가라앉히는 차분함의 울림이다. 특히 그 은은함이 깊은 여운을 드리운다.

이후 목어, 운판 후 대웅전에서 예불문, 발원문, 반야심경, 금강경 순서로 끝이 난다. 시간은 한 시간이 훌쩍 넘는다. 개인적으로 이런 예불 특히 법고가 나오는 사물이 너무 좋았고 그 후로 거의 10년이 넘도록 매년 이곳을 방문하여 이를 체험하곤 했다.

서울에서 부지런히 출발하면 오후 일찍 도착한다. 도착하면 법정 스님이 머물던 불일암에 오른다. 물론 입적 후라 덕조 스님이 수행 중인데 방문자는 나 말고는 없다. 수행하는 공간이라 나는 아무 말 없이 물 한 모금을 마시고는, 한참을 아무 생각 없이 멍하니 풍광을 바라보며 앉아 있다 나오곤 했다. 그러면 법정 스님의 말씀이 생각난다. 불일암에 있으면 사람들이 방문이 있고 그들이 다녀간 후 암자에는 대나무를 흔드는 바람 소리만 남을 뿐 그 고요함이 끝없는 고독처럼 남는다고 했다. 이런 것이 절대 고독이라 할 죽음이 아닐는지….

그러고는 산길을 타고 대웅전으로 내려가서 108배를 한다. 저녁이 가까워져 오면 공양간에서 끼니를 때우고 저녁예불을 맞이한다. 나는 사물까지만 머무는데 범종 타종 후 절을 나선다. 그 시간이면 해가 넘어가 밤이 다가오고 산사를 내려오는 어둑한 길은 또 다른 감회를 되새기는 산행이며 속세로 향하는 통로이다. 더불어 산속 공기가 나를 휘감아 돈다. 이렇게 이것은 나만의 일종의 정화 의식과도 같았다.

법고 소리는 사실 음악은 아니다. 음악이라면 선율, 리듬, 화성 세 가지가 있어야 하는데 법고는 리듬만 있다. 말 그대로 소리이다. 하지만 그 고동치는 울림 그 어떤 음악과도 견줄 수 없다고 생각한다.

이런 예불은 하루도 거르지 않는다고 하니 송광사가 신라 말기 7세기에 세워진 것을 생각하면 무려 천 년 이상을 지속한 것이 아닐까? 아니 그렇게 믿고 싶다. 특히 법고를 치며 예불을 하는 사찰은 그리 많지 않고, 또 이런 예불을 하는 절 중에서도 송광사 예불이 가장 권위가 있다고 한다. 진웅 스님은 대회가 열리면 자기네 절이 1등이라 귀띔을 해 주었다. 예불은 할 때마다 모두 다르다. 사람도 다르고 소리도 다르고 계절도 다르다. 하지만 내 기억 속에는 처음 들었던 것이 가장 좋은 것으로 남아 있다.

또 재미있는 일화는 보조국사 지눌이 지팡이를 꽂았더니 나무가 되었다는 하는 우뚝 솟은 고목 나무다. 이런 사실로 안내문을 만들었더니 사람들이 너무 많이 몰렸다고 한다. 그래서 한때는 안내문을 없애버렸더니 아무도 거들떠보지 않는다고 한다. 어리석은 중생인가.

성철 스님 말씀도 생각난다. 자기 같은 중의 말을 믿지 말라신다. 또 유명한 일화로는 박정희 대통령 3천 배 이야기다. 흔히 '나를 만나려면 3천 배를 하라'는 것인데 이는 사실이 아니다. 사람들은 자신을 만나 그 어떤 이익들을 원한다고 말씀하시며, 자기는 사람들에게 아무것도 해 줄 것이 없기에 나를 만나기보다는 3천 배를 하면 좋을 것이란 뜻이었다고 한다. 나도 젊은 시절 해인사를 방문했지만 당시 그곳에 성철 스님이 계신 줄도 몰랐다.

이렇게 송광사를 다니던 어느 해 발길을 끊게 된 사건이 생긴다. 주차장에 도착하여 절로 향하는 산속 흙길이 말끔히 시커먼 아스팔트 포장이 되어 있는 것이 아닌가? 이런 도로를 걸어서 절에 도착하여 보니 더욱 놀라운 것은 대웅전 앞에 심어진 야자수 나무였고 충격적인 것은 전통의 해우소가 현대식으로 바뀌어 버린 것이다. 연못에 놓인 다리를 건너가서 만나는 아름다운 해우소였는데 이곳을 이용하며 느꼈던 고즈넉한 추억은 사라진 것이다. 또 그날따라 예불 법고 소리마저 성의 없게 들렸다. 세상은 그렇게 흘러간다. 십 년이면 강산도 변한다는데 절이라고 무슨 대수겠는가? 당시 진웅 스님의 말씀이 생각난다. 자기도 모르겠는데 절은 늘 공사 중~이라고 한다.

참고로 이런 송광사 예불 음반은 예전에도 몇 번 나온 것이 있지만 2011년 나온 것이 모든 면에서 압도적이다. 단순히 오디오용으로 샀건만 오히려 더 많은 것을 얻게 해 준 소중한 것이 되었다. 하지만 음반은 이내 폐반이 되었고 황병준 님께 다시 찍으면 안 되냐고 물었지만 그럴 계획은 없다고 한다. 이제는 희귀 명반이다.

세월은 가고 나도 간다. 그렇지만 절은 천년을 가고 있고 법고 소리도 계속 울릴 것이다. 아스팔트, 야자수, 해우소가 무슨 상관일까? 내가 그곳에서 들은 법고 소리의 평온함과 고요함의 평정심 그리고 마음의 큰 위안을 오늘도 다시금 되새기고 싶다.

종고루

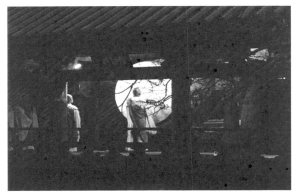
법고

"바꿀 수 없는 것들을 받아들이는 평정심과, 바꿀 수 있는 것을 바꾸는 용기, 그리고 이 둘을 분별할 수 있는 지혜를 얻고 싶다"

# 두근두근 클래식

ⓒ 허제, 2025

초판 1쇄 발행 2025년 6월 1일

지은이      허제
펴낸이      이기봉
편집        좋은땅 편집팀
펴낸곳      도서출판 좋은땅
주소        서울특별시 마포구 양화로12길 26 지월드빌딩 (서교동 395-7)
전화        02)374-8616~7
팩스        02)374-8614
이메일      gworldbook@naver.com
홈페이지    www.g-world.co.kr

ISBN    979-11-388-4326-3 (03670)

• 가격은 뒤표지에 있습니다.
• 이 책은 저작권법에 의하여 보호를 받는 저작물이므로 무단 전재와 복제를 금합니다.
• 파본은 구입하신 서점에서 교환해 드립니다.